Coincidências existem?

Caro leitor,

Queremos saber sua opinião sobre nossos livros. Após sua leitura, acesse nosso site (www.editoragente.com.br), cadastre-se e contribua com sugestões, críticas ou elogios.

Boa leitura!

Coincidências existem?

Casos e acasos incríveis na busca por respostas para a vida

Trandução:

Renata Marcondes

Gente editora

GERENTE EDITORIAL
Alessandra J. Gelman Ruiz

EDITORA DE PRODUÇÃO EDITORIAL
Rosângela de Araujo Pinheiro Barbosa

ASSISTENTE EDITORIAL
Cissa Tilelli Holzschuh

CONTROLE DE PRODUÇÃO
Elaine Cristina Ferreira de Lima

TRADUÇÃO
Renata Marcondes

PREPARAÇÃO
Globaltec Editorial & Marketing

PROJETO GRÁFICO E DIAGRAMAÇÃO
Globaltec Editorial & Marketing

REVISÃO
Globaltec Editorial & Marketing

CAPA
Alba Mancini

FOTO DE CAPA
dampoint/Shutterstock

IMPRESSÃO
Assahí Gráfica

Título original: *Meaningful coincidence*

Rua Pedro Soares de Almeida, 114
São Paulo, SP – CEP 05029-030
Tel: (11) 3670-2500
Site: http://www.editoragente.com.br
E-mail: gente@editoragente.com.br

Dados Internacionais de Catalogação na Publicação (CIP)
(Câmara Brasileira do Livro, SP, Brasil)

Cederquist, Jan
Coincidências existem? : casos e acasos incríveis na busca por respostas para a vida / Jan Cederquist ; tradução de Renata Marcondes. – São Paulo : Editora Gente, 2011.

Título original: Meaningful coincidence.
Bibliografia
ISBN 978-85-7312-748-5

1. Coincidência 2. Sincronicidade I. Título.

11-05775 CDD-123.3

Índice para catálogo sistemático:
1. Coincidência : Filosofia 123.3

"Sempre vale a pena", disse a senhorita Marple a si mesma,
"prestar atenção em cada coincidência.
Futuramente, pode-se descartá-la caso tenha sido mesmo
apenas uma coincidência".

AGATHA CHRISTIE

Aos meus pais Ida e Sven Cederquist,
que sempre mantiveram uma janela aberta.

Sumário

Prefácio

A busca da verdade objetiva tem sido, há muito tempo, o propósito mais almejado pela ciência ocidental.

Investigar, experimentar, analisar. Preto ou branco, verdadeiro ou falso, certo ou errado. Essa é a forma pela qual estamos acostumados a categorizar os fenômenos de nossa existência. Aquilo que não se encaixa nesse padrão, na maioria das vezes, não é considerado com seriedade.

Assim como a Ciência monopolizou a verdade, a religião abarcou a espiritualidade. Hoje, porém, começamos a observar muitos exemplos relacionados à espiritualidade que são desprovidos de conotações religiosas. Ou, talvez, mais precisamente, a espiritualidade está sendo expressa por palavras provenientes de outros domínios além do mundo das religiões.

Físicos quânticos, psicólogos e filósofos começam a se aproximar uns dos outros. A *sincronicidade* é um dos conceitos que possibilitam essa aproximação. O termo foi criado pelo psiquiatra suíço Carl Gustav Jung nos anos 1920, mas tem sido amplamente empregado nos dias de hoje. Significa uma relação não causal entre dois ou mais eventos simultâneos ou que se relacionam entre si de forma significativa.

Procure e achará! Mas apenas aquilo que busca. A Ciência empírica, que nos remete a Aristóteles, principalmente depois de Newton, baseou-se na suposição de que tudo obedeceria ao princípio das leis causais. Também conseguiu mapear tais relações causais de forma muitíssimo satisfatória. No entanto, como é raro alguém encontrar aquilo que não está procurando ou esperando, os possíveis padrões alternativos quase passaram despercebidos. Só após o grande avanço da Física Quântica é que ficou claro que o paradigma Newtoniano seria insuficiente para descrever, e mais insuficiente ainda para explicar, as estruturas profundas da existência.

Hoje, sabemos que não é sempre possível sustentar a cisão entre sujeito e objeto, entre o observador e o que é observado. Ao contrário, o observador exerce influência e é parte daquilo que observa, sem levarmos em consideração se o que está sendo estudado refere-se ao elemento mais básico da existência ou à nossa própria consciência.

A hipótese principal de Jung dizia respeito a um inconsciente coletivo nas profundezas de nossa alma. Isso nos conecta uns aos outros e revela uma comunicação não verbal entre as pessoas, com frequência inconsciente e intuitiva. Esse inconsciente coletivo contém, ainda, certos padrões e símbolos comuns, conhecidos como arquétipos, sem limitações de tempo e espaço.

Os físicos da atualidade, partindo de ângulos diferentes, chegaram a um ponto no qual parece necessário que outras dimensões, além do tempo e do espaço, sejam consideradas. A possibilidade de uma dimensão desprovida de espaço e tempo poderia, teoricamente, tornar possível um encontro entre o passado, o presente e o futuro e também tornar as distâncias espaciais irrelevantes. Talvez a noção de um inconsciente coletivo, independente de espaço e tempo, pudesse abrir caminho para uma nova compreensão sobre a principal concepção religiosa de uma existência que transcende o visível.

Quanto mais conhecemos, mais percebemos quão pouco sabemos. Porém, o que sabemos, com certeza, é que estamos apenas no início de uma emocionante jornada da consciência. Talvez, apesar de tudo, as coincidências não aconteçam apenas por acaso. Este livro nos fornece vários exemplos instigantes que podem nos ensinar a lançar um olhar novo e curioso à nossa própria existência.

*Bispo Lennart Koskinen**

* Lennart Koskinen, bispo de Visby e da Igreja Luterana da Suécia, trabalha há mais de vinte anos como sacerdote, teólogo e consultor de Ética de empresas suecas. Com formação em Economia e doutorado em Ética e Filosofia, é autor de 16 livros e palestrante de renome sobre negócios sutentáveis e éticos. (N. E.)

capítulo

1

Isso também acontece com você

As pessoas viajam para se maravilhar com a altura das montanhas,
com as gigantescas ondas do mar,
com os longos cursos dos rios,
com a vasta dimensão do oceano,
com o movimento circular das estrelas;
e passam por si mesmas sem se maravilhar.

Santo Agostinho

Todos nós já passamos pela experiência de um encontro estranho ou de algum acontecimento incomum em nossa vida. Por exemplo, você decide ligar para determinada pessoa, e assim que pega o telefone, ele toca: é exatamente aquela pessoa ligando para você! Há palavras que nos ajudam a não pensar muito sobre tais acontecimentos: "É o acaso", dizemos, "foi puro acaso". E a vida continua como se nada houvesse ocorrido.

Ou, então, você está em um shopping e, de repente, começa a pensar em alguém que não vê há muito tempo. Naquele exato momento, a pessoa vem descendo a escada rolante. Aquele estranho "acaso" novamente. Podemos ficar um pouco assustados por um tempo, mas para recobrarmos nossa paz de espírito, logo banimos o espanto para o quarto escuro de nossa consciência e esquecemos o assunto.

Não consigo mais fazer isso.

Esse "acaso" aconteceu demasiadas vezes comigo. Ele me mostrou caminhos, forneceu soluções ou me salvou de situações preocupantes. Influenciou de forma significativa a minha vida, deixando, às vezes, até um brilho travesso em meu olhar. Em várias ocasiões, de maneira sucessiva, ocorreram determinados fatos que, de acordo com as probabilidades estatísticas, não deveriam ter acontecido, situações que matemática e cientificamente são improváveis, para não dizer impossíveis. Mas, ainda assim, elas me ofereceram soluções significativas, muitas vezes impecáveis, para pequenos e grandes problemas.

É por isso que não acredito mais em "acaso". Não no tipo de acaso a que, com frequência, nos referimos quando dizemos "isso aconteceu por puro acaso" – aquele que é considerado nada mais do que uma improbabilidade estatística, algo que apenas acontece sem razão de ser e não é nada além disso.

Comecei a suspeitar de que seja muito mais do que isso. Cada vez mais me convenço de que o acaso é algo bem diferente do que fomos levados a acreditar. Comecei a perceber que o acaso não é uma coincidência.

O lendário psiquiatra Carl Jung demonstrava muito interesse pelas coincidências e criou o termo *sincronicidade* para *coincidência significativa*. Ele pensou que, talvez, fosse provável a existência de algum tipo de ligação entre a sincronicidade e a intuição. É como se tudo no universo fosse permeado por alguma espécie de ordem subjacente, ou inteligência, ou o que quer que seja – algo que me desperta uma profunda curiosidade, uma estranheza, algo que desejo repartir com você neste livro. Gostaria de lhe contar coisas estranhas que realmente aconteceram e convidá-lo, como leitor, a compartilhar meu espanto diante do fato de a vida ser tão fantástica e extraordinária.

Certa vez, tive o privilégio de conhecer o físico quântico austríaco Fritjof Capra, autor de vários livros que figuraram nas listas dos mais vendidos, tais como *O Tao da Física* e *O ponto de mutação*. Fritjof explicou que a Ciência, em geral, envolve a formulação de uma hipótese sobre algo que alguém deseje investigar e, depois, a concepção e a realização de experimentos que irão confirmar ou refutar tal hipótese.

"Hoje, porém", disse ele, "estão acontecendo coisas em nossos laboratórios sobre as quais não temos sequer uma hipótese a formular. Simplesmente, não conseguimos entender o que, às vezes, acontece e por quê."

Em outras palavras, vivemos como seres humanos em um universo sobre o qual temos pouco conhecimento. A maior parte dele é, ainda, desconhecida. Então, do que será que, de fato, fazemos parte durante nossa jornada entre o berço e a sepultura – esse episódio incrivelmente extraordinário que denominamos vida? A maioria das pessoas reflexivas, às vezes, se pergunta sobre o sentido da vida: "Quem sou eu? Qual é o propósito de minha existência? Qual é o meu papel no universo? Onde estava antes de nascer e para onde irei quando morrer?"

Com frequência, não passa de um pensamento vago que toca nossa consciência de forma superficial. Muitas pessoas até mesmo julgam tais pensamentos desagradáveis e os espantam, como fariam a uma vespa na mesa de chá do jardim. Já ouvi algumas dizerem: "Que inferno, não fique remoendo esse tipo de coisa, você vai ficar louco". Preferimos mergulhar nos acontecimentos da vida diária – o emprego, a família, a casa, o jogo de futebol, o carro e todo o resto que exige nossa atenção no dia a dia. É claro que temos de cuidar disso tudo. É muito natural e necessário, uma vez que faz parte da realidade material na qual vivemos.

Entretanto, não posso evitar os questionamentos e estou cada vez mais certo de que existe uma realidade superior além daquela que podemos ver e tocar.

Estaria a sincronicidade a nos lembrar sobre o grande mistério do qual fazemos parte? Fritjof afirmou que eventos sincronísticos poderiam emanar de uma espécie de ressonância ou ação recíproca entre padrões de consciência e padrões da matéria. Eu era todo ouvidos. Estava diante de um dos mais renomados físicos do mundo que sugeria a probabilidade da existência de uma relação entre mente e matéria, entre os pensamentos e sentimentos de uma pessoa e o que acontece no mundo externo, e que a sincronicidade poderia ser a conexão entre esses dois mundos.

Nos dias de hoje, a sincronicidade tem sido cada vez mais considerada um aspecto instigante da vida, mas de difícil explicação. Para mim, trata-se de uma curiosidade fascinante. Minhas experiências sincronísticas, e as de outros que as compartilharam comigo, me convenceram de que estamos lidando com algo muito maior e mais estranho do que podemos entender neste momento. Mais estranho do que podemos imaginar – talvez até mesmo mais estranho do que nossa mente possa alcançar.

Não sou cientista nem padre, e não sou partidário do rigor científico ou do decoro religioso. Também não acredito que seja um escolhido ou que sofra de um distúrbio conhecido como transtorno de personalidade narcisista. Sou, apenas, um leigo curioso que desenvolveu o hábito de observar quando coisas estranhas acontecem e não consegue deixar de se perguntar sobre o sentido de tudo.

Então, gostaria de incentivar você, querido leitor, a prestar atenção às ocorrências similares em sua vida. A sincronicidade acontece com todas as pessoas. Na próxima vez que acontecer com você, considere-a seriamente, observe-a e veja o que, de fato, ela envolve. Talvez exista algo importante para você. No mínimo, prometo que a vida se tornará mais interessante, mais divertida e mais estimulante.

Existirá uma aventura mais incrível do que essa que chamamos de vida – esse grande enigma, esse estranho e insondável mistério que nenhum cientista no mundo pode nos explicar? Ninguém sabe. Mas é fascinante especular e buscar respostas.

Como diz o autor theco Milan Kundera em *A insustentável leveza do ser:* "É errado criticarmos o romance por prestar atenção a coincidências específicas. Mas é certo que critiquemos o homem por não enxergar as coincidências em sua vida diária, pois, assim procedendo, ele priva a si mesmo de uma dimensão da beleza".

E não apenas da beleza.

E Gunnar estava ali sentado

Ocorrera uma mundança na agência de publicidade e eu não sabia como lidar com a situação. Recentemente, havia sido nomeado diretor executivo da companhia e precisava fazer alguma coisa, mas, o quê? Não possuía muita experiência como diretor executivo. Como sempre trabalhei na área de criação, era bem ignorante em relação ao sistema econômico e sentia uma grande necessidade de discutir a situação com uma pessoa experiente.

Essa pessoa seria Gunnar Wessman, que havia sido diretor executivo de várias corporações suecas de renome, como a Perstorp, a Uddeholm e a Pharmacia. No momento, ele estava aposentado, mas sua sólida experiência no mundo dos negócios e sua compreensão do ser humano seriam um bom apoio para mim, pois tentava lidar com um emprego que havia aceitado com alguma hesitação.

Nós nos encontrávamos de vez em quando e conversávamos sobre assuntos importantes e triviais. Gunnar havia se tornado uma espécie de mentor meu e, agora, precisava vê-lo com urgência. Porém, infelizmente, isso não seria possível. Ele tinha uma agenda de viagens lotada e não teria tempo para uma reunião tão em cima da hora.

Estava estressado e preocupado, em especial porque não se tratava de um assunto apropriado para ser discutido ao telefone. Tudo de que precisava era conversar pessoalmente com Gunnar mas, por infelicidade, não teria essa sorte. A situação pesava sobre mim como uma nuvem de chumbo. Além do mais, em meio a tudo isso, eu teria de fazer uma viagem de negócios, às pressas, para Copenhagen, a fim de tratar de um assunto nada relacionado a esse.

Naquela manhã, entrei em meu carro e saí de casa com destino ao aeroporto de Arlanda. Conforme me aproximava da ponte Lidingo, comecei a perceber que algo estava acontecendo naquele percurso. À minha frente, ia um Volvo cinza e seu motorista, de repente, pisou no freio. Também fiz o mesmo e, por pouco, não bati nele que, por sua vez, conseguiu não se envolver no que estava acontecendo: uma fila de sete ou oito carros batendo uns nos outros.

Não parecia haver danos mais graves ou pessoas feridas, apenas alguns para-choques amassados, lanternas quebradas e estilhaços de vidro na estrada. Não vi razão para ficar ali; então, com cuidado, desviei o carro para a outra pista, ultrapassando o acidente. Afinal, não queria perder meu voo.

Assim que, lentamente, ultrapassei o Volvo cinza, a porta se abriu e um homem saiu do carro.

Era Gunnar!

Tentei, sem sucesso, chamar sua atenção, mas o trânsito me forçava a prosseguir e eu precisava chegar a Arlanda. De qualquer forma, percebi que teria sido impossível conversar com ele naquele momento e naquele local. Droga! Tão próximo e ao mesmo tempo tão distante. Eu realmente precisava conversar com ele, mas tinha de seguir em frente.

Depois de ter feito o *check-in* no aeroporto, mergulhei na leitura de um jornal, embora estivesse difícil manter a concentração em suas páginas. Pensamentos sobre meus problemas no trabalho, sobre Gunnar e as colisões na ponte eram constantes e desviavam minha atenção. Então, os alto-falantes anunciaram a hora da partida. As pessoas se apressaram em direção ao portão de embarque, mas ficaram lá paradas em uma fila que se formou no mesmo instante. Isso sempre acontece. Tão logo ouvem o menor ruído no alto-falante, os passageiros ficam ansiosos para embarcar. Para que tanta afobação, considerando que a identificação dos assentos costuma estar indicada na passagem? Fiquei calmo, continuei lendo e esperei até que a pior parte do tumulto tivesse acabado. A essa altura, é claro que não precisava de mais estresse. Tentando relaxar, mostrei minha passagem no balcão de controle e caminhei com tranquilidade até o interior do avião procurando meu assento, que era o 8B.

Quando cheguei lá, tive uma súbita vertigem.

Gunnar ocupava o assento 8A!

E lá estava a polícia

Foi uma colisão leve, sem consequências. Meu sócio Lars Hall e eu estávamos viajando no carro da empresa, um Peugeot 506 marrom, ao longo de uma rua estreita em Estocolmo. Ao me aproximar de um cruzamento, diminuí um pouco mais a velocidade, já que a visibilidade era ruim. Porém, ao que parece, não fui cuidadoso o bastante. Vindo de lugar nenhum, de repente, apareceu um carro preto. Houve uma batida e, como ele tinha vindo da direita, a culpa era minha.

Lars e eu saímos do carro, felizmente, ilesos. Do outro carro, surgiram dois homens asiáticos que usavam uniformes militares. Um dos uniformes era bastante simples, preto, sem condecorações. O outro impressionava mais, com fios dourados, botões e medalhas. Na realidade, tratava-se de um membro do grupo militar (um almirante) da embaixada tailandesa e seu motorista, que estava muito envergonhado.

Olhamos para os para-choques amassados e os faróis dianteiros quebrados. Comecei a me desculpar, pronto para assumir a culpa e dar início ao preenchimento dos papéis do seguro. Porém, o almirante fez que não com as mãos – foi algo insignificante, ninguém foi ferido, não havia razão para preocupações. "Tudo bem, tudo bem", ele dizia. Parecia querer sair de lá o mais rápido possível. Apertamos as mãos, sorrimos uns para os outros nos desculpando, trocamos algumas gentilezas e concordamos em esquecer a coisa toda. Assim é a vida. Nossa cordialidade, provavelmente, foi maior em decorrência do fato de que nenhum de nós precisaria tirar dinheiro do próprio bolso para pagar o conserto.

Meu carro não estava tão danificado a ponto de me impedir de sair de cena. Entretanto, fiquei um pouco preocupado com todo o inconveniente que seria levá-lo a uma oficina, preencher os papéis do seguro e tudo o mais.

Porém, de repente, fiquei impressionado quando lembrei que já tinha marcado uma revisão na oficina mecânica – bem para a manhã seguinte! Não é sempre que você se envolve em uma batida e não é sempre que se faz uma revisão no carro. No entanto, nessa situação, as duas coisas ocorreram em um período de doze horas. Lars e eu brincamos com o fato de a batida ter acontecido na hora certa.

E tudo ficaria ainda melhor! Na manhã seguinte, saí de casa para percorrer os 35 quilômetros até a cidade e para a visita programada à oficina. Estava me divertindo por ter tido sorte e com a coincidência de que a oficina estaria pronta para cuidar do meu carro exatamente naquela manhã.

Porém, após alguns quilômetros, notei algo muito desagradável. O ponteiro da temperatura estava no vermelho! Deduzi que o radiador havia sido danificado na colisão e que o líquido do sistema de resfriamento tinha escorrido durante a noite. "Droga! É isso que ganho por ser tão presunçoso", pensei. Eu tinha acabado de entrar em um trecho da estrada que leva a uma área desabitada, com nada além de árvores – apenas uma floresta – por vários quilômetros.

Meus pensamentos urgiam, velozes: "Preciso parar imediatamente. Não posso dirigir com o motor superaquecido; ele pode fundir a qualquer momento. O que fazer agora? Como conseguir um guincho?" (Não havia telefones disponíveis nos próximos quilômetros; isso aconteceu um pouco antes da era do telefone celular). "Preciso tentar chamar a atenção de outro carro e pegar uma carona. É constrangedor ficar parado aqui no acostamento gesticulando. Por que isso tinha de acontecer logo aqui, neste trecho deserto da estrada? Onde está a minha boa sorte? Acho que agora ela deve ter acabado".

Eu estava muito chateado e receoso com a possibilidade de o motor ter sido danificado. Mas, ao mesmo tempo, era como se uma parte de minha consciência apenas observasse, tranquila, a outra parte tão chateada, sentada ali no carro.

No momento seguinte, vi algo que nunca havia visto durante os quinze anos nos quais dirigi quase diariamente ao longo dessa estrada: um posto policial!

Um oficial estava parado à beira da estrada segurando uma placa de "Pare". Essa foi a única vez em minha vida em que experimentei alívio e prazer ao ser parado por um comando policial. Em geral, sinto-me culpado, com uma sensação vaga e indefinida de ter cometido algum erro: "Estou sóbrio, estou com a minha carteira de motorista?", e assim por diante. Desta vez, porém, com um misto de surpresa e alívio, parei no acostamento, abri o vidro do carro e exclamei para o policial, que ficou um tanto assustado: "Que prazer em vê-lo!"

Expliquei-lhe minha difícil situação e perguntei se poderia chamar um guincho pelo rádio. O policial foi muito prestativo e sequer checou se eu estava sóbrio ou com a carteira de motorista.

Quinze minutos depois, um guincho apareceu. O motorista levantou o capô do meu carro e logo estávamos a caminho da oficina na qual havia agendado um horário há semanas. Fiquei maravilhado pelo fato de o comando policial ter aparecido justamente ali, bem naquela hora, e agradeci ao universo por qualquer que fosse a causa de tudo ter sido organizado de forma tão perfeita.

Nunca mais vi policial algum naquele lugar.

capítulo

2

Seriam as coincidências estatísticas ou místicas?

Algo inacreditável está esperando para ser revelado.

Carl Sagan

Carl Jung foi um dos grandes pioneiros da Psicologia e tornou-se um ícone da área. Ele refletiu muito sobre algo que chamou de "estranhas ocorrências psicológicas paralelas".

Em seu trabalho como psicoterapeuta, ele havia percebido como as coincidências repentinas, muitas vezes, acabavam se transformando em um momento decisivo na vida de seus pacientes. Ao mesmo tempo, algo acontecia tanto no mundo interno quanto no mundo externo do paciente – uma experiência reveladora que iniciava um processo de cura.

Jung foi o criador do termo *sincronicidade.* Tais eventos, referiu ele, não eram coisas que aconteciam por puro acaso, mas *coincidências significativas* – um sinal de algum tipo de ação recíproca entre a psique, a matéria, o tempo e o espaço. Demorou muito para que ele tivesse coragem de publicar seus pensamentos e suas experiências sobre sincronicidade. A ideia como um todo representava uma ofensa ao mundo científico.

No entanto, um renomado físico austríaco, Wolfgang Pauli, demonstrou muito interesse pelo trabalho de Jung. Pauli foi professor de Física Teórica e ganhador do Prêmio Nobel de 1945. Ele havia sido um aluno excepcionalmente talentoso que, com apenas 21 anos, conquistara a admiração do físico alemão Albert Einstein em virtude de um trabalho científico sobre sua teoria da relatividade. Einstein até o chamava de "meu filho espiritual". Pauli tornou-se um dos fundadores da nova Física Quântica, com o alemão Werner Heisenberg e o dinamarquês Niels Bohr. Foi, também, ele o primeiro a sugerir a provável existência de uma estranha e pequena partícula que chamou de *neutrino*. Trinta anos depois, cientistas seriam capazes de verificar que ela, de fato, existia. Atualmente, muitos cientistas respeitáveis estão procurando essa pequena partícula no espaço longínquo, como também nas profundezas da Terra. O fluxo de neutrinos não é interrompido por um simples planeta. Durante os poucos segundos que você leva para ler esta frase, milhões de neutrinos precipitam-se em seu cérebro, em sua dança cósmica.

A nova Física estava diante de um fenômeno que desafiava muitos princípios estabelecidos sobre a realidade. Quando penetraram nas partes mais profundas da matéria, os cientistas descobriram que ela não era constituída apenas de partículas cada vez menores, mas também de energia. As partículas alternavam seu estado entre matéria e energia e, por mais que isso os irritasse, havia algo nesse processo que eles não conheciam ou podiam prever. Essa era a premissa fundamental do famoso "princípio da incerteza" de Heisenberg. A mais materialista e rígida de todas as ciências, para decepção de muitos, teve de aceitar uma pequena dose de misticismo.

Descobriu-se, também, que o que acontecia em um experimento sofria influência da pessoa que o realizava. O observador influenciava o observado. A partir daí, não estávamos distantes da questão que envolve a relação entre a mente e a matéria. Talvez, essa tenha sido a razão pela qual Pauli tenha se interessado tanto pelas ideias de Jung. A sincronicidade poderia ser vista como uma ação recíproca entre a condição interna de uma pessoa e o que acontece no mundo externo – entre espírito e matéria.

Pauli e Jung tiveram discussões exaustivas sobre esse assunto e Pauli o incentivou a dar continuidade a seu trabalho. Em uma carta para Pauli, Jung descreve um evento que se tornou um exemplo clássico de sincronicidade: Ele está sentado com uma paciente difícil, uma mulher que parece estar presa em suas próprias convicções. Ela não está disposta a abrir mão de sua maneira lógica e racional de ver o mundo. Jung acha difícil fazê-la deixar um pouco de lado sua postura rígida e começa a sentir que não pode fazer mais nada para ajudá-la. Ele a vê como um caso perdido e pensa em encerrar a terapia.

Então, a paciente lhe conta um sonho muito claro e vívido que havia tido durante a noite: nele, ela recebia de alguém uma joia muito valiosa em forma de um escaravelho dourado, um tipo de besouro. No mesmo instante em que está descrevendo seu sonho, eles ouvem um barulho na janela. Algo está batendo contra o vidro, tentando entrar. Jung caminha até a janela, abrindo-a. Um besouro, com cintilações de verde e dourado, voa para o interior da sala. Trata-se de um besouro chamado de "escaravelho dourado", um *Cetonia aurata.* Ele o pega nas mãos e o entrega à sua paciente, dizendo: "Aqui está seu escaravelho dourado".

A mulher olha fixamente para o besouro cintilante e demonstra estar abalada. O incidente começa a minar seus pontos de vista rígidos e ela pode, por fim, ser mais flexível. A terapia toma, então, um rumo novo que conduz a um resultado positivo.

Teria sido "pura coincidência"? Em nossa arraigada visão de mundo, tendemos a conceber o tempo como uma linha reta. Quando alguma coisa acontece ao longo dessa linha, sempre existe nela algo anterior que corresponde à sua causa. A *causalidade* ou lei de causa e efeito é considerada por nós óbvia e natural.

Entretanto, a Física Quântica descobriu que, no mundo das partículas elementares, não é sempre assim que acontece. Um efeito pode acontecer de repente sem que pareça ter nenhuma causa. Às vezes, um efeito pode aparecer antes de uma causa. A lei de causalidade não parece ser imutável. Seria inconcebível que isso acontecesse no mundo dos seres humanos? Seria mesmo impossível que as coisas pudessem acontecer sem uma causa visível, compreensível? Existiria um contexto causal em um nível diferente daquele que podemos ver, medir e contar?

Claro que isso é inaceitável para alguém que se sinta confortável com a antiga visão de mundo, uma visão que determina que se algo acontece, não importa o quanto seja estranho, é possível calcular matematicamente sua probabilidade estatística e encontrar uma relação causal. Por exemplo, existia um número x de escaravelhos *Cetonia aurata* na área em que Jung clinicava, mesmo que, como ele apontou, fossem bastante raros. A probabilidade de que um deles se movesse no espaço geográfico e voasse para dentro da sala na qual Jung e sua paciente estavam corresponde a y. A probabilidade de que isso tivesse acontecido no exato momento em que essa paciente especial estivesse sentada ali é z. Assim, não existe nada estranho no fato de um escaravelho ter voado pela janela de Jung. Você simplesmente faz um cálculo estatístico utilizando x, y e z – é Matemática pura.

Porém, essa é apenas uma parte pequena e limitada do que aconteceu. Alguém só calcula aquilo que pode ser calculado. Coisas como a significatividade não podem ser incluídas na equação. Isso não poderá ser quantificado em nenhuma rede de modelos estatísticos. Qual seria a probabilidade de que a paciente tivesse acabado de sonhar com um escaravelho dourado? De que, por acaso, fosse um determinado escaravelho dourado, dentre todos os possíveis insetos, que tivesse batido na janela naquele exato momento em que ela estava descrevendo seu sonho? De que naquele momento sua terapia não estivesse progredindo? De que graças ao incidente ela tivesse sido capaz de ir adiante e renascer? E não é só isso: o escaravelho dourado era um símbolo importante para os antigos egípcios. Era o símbolo do... renascimento.

Qual seria a possibilidade de que eu tivesse ido parar no assento ao lado de Gunnar Wessman exatamente quando sentia uma enorme necessidade de conversar com ele? Talvez seja possível calcular algum tipo de probabilidade estatística para o fato de ele sentar naquele lugar, naquele voo, indo para aquele destino, bem naquele dia. E também a probabilidade de que eu, sem conhecimento, tivesse conseguido exatamente o assento junto ao dele. Tenho grande respeito pelos matemáticos e estatísticos, mas como se poderia incorporar em uma fórmula matemática o fato de que justo naquele momento eu tinha uma grande necessidade de estar com Gunnar e conversar com ele?

A probabilidade estatística de que eu e Gunnar fôssemos para o mesmo lugar, dentre todas as possíveis localidades do mundo, no mesmo dia, dentre todos os dias do ano, no mesmo voo, dentre todos os possíveis voos realizados durante aquele dia e de que nos sentássemos lado a lado dentre todos os possíveis assentos da aeronave deveria ser próxima a zero. Por outro lado, a significatividade corresponderia a cerca de um.

Todo verdadeiro evento sincronístico possui um forte elemento de *significado* que não pode ser calculado. O significado é único e específico para os envolvidos. Ele não existe a nível material, matemático, mas psicológico, emocional, os quais a estatística não pode alcançar ou explicar. Da mesma forma, o número de letras existentes nesta página não pode explicar nada sobre o conteúdo que elas transmitem.

É exatamente sua significatividade que faz certas coincidências fugirem às restrições estatísticas e passarem para o campo da sincronicidade. Isso abre as portas para outras possibilidades, muito mais interessantes.

Quando encontrei Gunnar no assento ao meu lado, reagi de duas maneiras bastante distintas. Por um lado, a parte intuitiva de minha mente que é, em geral, mais rápida, pensou: "Certo, eu precisava falar com ele, então, aqui está ele". Por outro lado, a parte lógica, mais lenta, ficou perplexa. Como isso pôde acontecer? Que estranho! Foi totalmente impraticável marcar um encontro, então, como é possível que, de repente, estejamos sentados em um lugar perfeito para um encontro, livre de distrações?

Tal forma de reação dupla parece ser um padrão quando a sincronicidade acontece. A primeira reação – emocional, imediata – não é de admiração, mas de uma espécie de naturalidade. Sim, perfeito, eu precisava disso, então isso aconteceu. Tão natural como a TV começar a funcionar quando aperto o botão.

Porém, após uma fração de segundos, o intelecto desperta e começa a questionar e tentar interpretar o ocorrido. Como pôde acontecer? Que estranho! Que sorte eu tive!

Entretanto, hoje em dia, meu intelecto conseguiu aceitar as sincronicidades como acontecimentos naturais, e até mesmo a esperar por elas. Parou de vê-las como algo anormal, mas não parou de pensar a respeito.

Existiria uma espécie de conexão mística entre meu desejo intenso no campo dos pensamentos e sentimentos e o que aconteceu na esfera material de espaço e tempo?

Seria "apenas uma coincidência" ou alguma coisa diferente? Na realidade, existiria algo no universo que pudesse transcender aquilo em que fomos levados a acreditar?

Talvez exista uma realidade superior, além da material, com a qual estamos tão acostumados. E, talvez, essa realidade maior, seja ela qual for, exerça uma influência sobre a realidade menor da qual estamos conscientes por meio de nossos sentidos.

Alguém já disse que a Estatística é como um biquíni: mostra o óbvio, mas esconde o mais interessante.

A Matemática e a Estatística podem ajudar a calcular muitas coisas, mas dificilmente poderão alcançar o significado de um evento sincronístico. Ele é mais místico, o que não quer dizer que seja misterioso. Significa apenas que ainda não o conhecemos bem, que é algo que não podemos entender porque ainda não possuímos conhecimento específico sobre ele – e que, provavelmente, é o mais interessante.

O escaravelho e o piano de cauda

O afinador de pianos Tore Persson estava em meu estúdio afinando nosso piano de cauda. Eu permanecia sentado no mesmo cômodo trabalhando neste livro, mas encontrava um pouco de dificuldade em manter a concentração no que escrevia. A afinação de um piano não é um fundo musical agradável.

Parei de escrever e me levantei para deixar o estúdio e fazer algo diferente. Enquanto caminhava em direção à porta, Tore me perguntou no que estava trabalhando e respondi que estava escrevendo um livro.

"Que interessante", disse ele. "Que tipo de livro?" Tentei explicar que era sobre o que o famoso psiquiatra Carl Jung chamou de *sincronicidade,* ou seja, *uma coincidência significativa.* Tore parecia confuso.

Tentei explicar, contando a ele a história do escaravelho dourado de Jung (relatada no início deste capítulo). Já que o próprio Jung havia mencionado o incidente do escaravelho como um exemplo de sincronicidade, por que eu não poderia fazer o mesmo? Tore demonstrou interesse, mas logo retomou seu trabalho com o piano enquanto eu saía, fechando com cuidado a porta atrás de mim.

Eu iria receber convidados para uma sessão de jazz dali a alguns dias, da qual participariam músicos profissionais importantes, como os irmãos Strandberg – Göran, um gênio do piano, e o trombonista Bertil que, entre muitas credenciais, havia tocado por quatro anos com a lendária orquestra de Artie Shaw, nos Estados Unidos.

Não é de estranhar que eu estivesse ansioso para que o piano ficasse perfeitamente afinado. Conseguir tocar com músicos como aqueles representava para mim não só um grande desafio como uma experiência sublime. Então, apesar de não poder garantir que fosse tocar com uma afinação exata em meu baixo – que não possui trastes* – desejava, ao menos, contribuir com um piano bem afinado. Podia ouvir, à distância, como Tore progredia em seu trabalho. Naquela época, eu tinha algumas

* Trastes são os "ferrinhos" que dividem em semitons o braço de um instrumento musical como o violão ou o contrabaixo. Quando não há trastes, é preciso que o músico tenha o ouvido treinado e boa habilidade manual para que as notas saiam afinadas e o som, limpo e no tom certo. (N. E.)

dúvidas sobre o livro. Como tratar de um assunto tão vasto e peculiar? Será que seria capaz de tal realização? Alguém desejaria lê-lo? Será que deveria continuar a escrever ou, talvez, fosse melhor desistir e deixar o manuscrito inacabado em uma gaveta? As dúvidas, como uma nuvem tóxica, espalhavam-se com rapidez em minha mente. Dizem que os escritores são sempre assolados por dúvidas quando trabalham em um novo livro. Naquele momento, era ssim que me encontrava.

Após cerca de uma hora, o tlim-tlim no estúdio não podia mais ser ouvido. O afinador apareceu na cozinha e disse que tinha terminado o trabalho. Ele aceitou o café que lhe ofereci e me contou que fizera uma inspeção geral no piano. Tratava-se de um bom instrumento, disse ele, mas havia encontrado dois pequenos objetos estranhos que, de alguma forma, tinham ido parar lá dentro. Ele estendeu a mão.

Eu olhei. Então, arregalei os olhos: em sua mão, estavam... uma caneta e um escaravelho verde.

Sei que você pode dizer que há grande chance de alguém ter deixado a caneta cair por acaso dentro do piano. Não há nada de estranho nisso. Já o escaravelho verde, um provável brinquedo de plástico, deve ter sido levado para lá por minha filhinha que, às vezes, brincava no estúdio. Simplesmente aconteceu. Não há nada de extraordinário nisso. De modo algum.

No entanto, para mim, o incidente, mais do que extraordinário, foi rico em significado e contribuiu enormemente para a realização deste livro. *Aspecto número 1:* Tore e eu tínhamos acabado de conversar sobre sincronicidade. *Aspecto número 2:* eu havia acabado de contar a ele a história do escaravelho verde como um símbolo da sincronicidade, da coincidência significativa. *Aspecto número 3:* estava em dúvida se deveria terminar o livro. *Aspecto número 4:* dentre os milhares de objetos que poderiam ter ido parar dentro do piano de cauda, foram, justamente, uma caneta, que simboliza o ato de escrever, e o escaravelho, o símbolo da sincronicidade, que Tore encontrou. *Aspecto número 5:* acrescente a tudo isso o fato de que seria estatisticamente mais provável que nada tivesse caído dentro do piano.

Escolhi interpretar o incidente como uma coincidência muitíssimo significativa, um verdadeiro exemplo de sincronicidade, não como algo que aconteceu apenas por acaso. Preferi entendê-lo como um belo aviso para que continuasse escrevendo.

capítulo

3

Chegou a hora?

Toda verdade passa por três estágios antes de ser reconhecida.
No primeiro estágio, é ridicularizada.
No segundo, a ela se opõem.
No terceiro, é considerada evidente.
Arthur Schopenhauer

Sabemos muito bem como as pessoas viam o mundo no século XVI. Não era o mesmo mundo em que vivemos hoje. A Terra era um grande disco colocado por Deus no centro do universo, no qual havia criado o homem à sua imagem e semelhança. Acima do disco, ele construíra a abóbada celeste, e lá posicionou o Sol, a Lua e as estrelas, que giravam devagar, para satisfazer o ser humano. O disco terrestre, *terra firma*, era sólido e permanecia imóvel, enquanto o resto do universo circulava ao redor de seu centro absoluto.

Deus estava presente em tudo. Nas árvores e nas pedras, no clima e nas colheitas, nas enfermidades, e em tudo de bom que acontecia. Todos sabiam disso porque os padres o diziam, e eles possuíam o conhecimento. Os padres representavam a autoridade máxima no que dizia respeito ao funcionamento do mundo. A religião correspondia à verdade absoluta.

Além do mais, cada um podia constatar isso por si mesmo, por meio dos seus sentidos. Você não sentia a Terra se movimentando e girando, mas podia ver com seus próprios olhos que ela era plana, mesmo que existissem vales e montanhas aqui e ali. Eram óbvios e evidentes a concepção do mundo, da cultura, o paradigma predominante.

Porém, toda cultura carrega as sementes do próprio declínio e o princípio da renovação. Um astrônomo polonês, Copérnico, começou a sentir, então, que havia algo errado na forma de ver o mundo. Seus estudos dos corpos celestes indicavam que a Terra não era, de forma alguma, um disco fixo circundado pelo Sol. Parecia exatamente o contrário. Copérnico percebeu que a Terra deveria ser uma esfera entre outras esferas que circulavam ao redor do Sol e, além disso, girava em torno do próprio eixo.

Foi uma descoberta bombástica. Essas ideias inovadoras ofendiam a Igreja e representavam um perigo na Europa da Idade Média. Era um assunto que tinha de ser tocado com o máximo cuidado. Mas, como escreveu o autor francês Victor Hugo: "Nem mesmo todos os exércitos do mundo podem conter uma ideia, quando chega sua hora".

O matemático alemão Johannes Kepler demonstrou interesse pelas ideias de Copérnico e efetuou cálculos que evidenciaram que ele estava certo. Tal resultado não foi bem recebido. Outro pensador revolucionário da época foi o físico, matemático e astrônomo italiano Galileu Galilei, que construiu um dos primeiros telescópios do mundo. O primeiro deles havia sido desenvolvido na Holanda, mas o de Galileu era, até então, o maior e, ao utilizá-lo, pôde constatar que Copérnico e Kepler estavam certos. A Terra e a Lua giravam em torno do Sol, e não o contrário. Os padres já não podiam mais suportar tais ideias.

Galileu estava prestes a ser decapitado. A Igreja mostrava-se descontente com essa flagrante heresia. O Sol girava em torno da Terra. Ponto. Galileu ofereceu ao clero a oportunidade de ver por si mesmo através de seu telescópio. Eles, por sua vez, recusaram.

Tratava-se de uma atitude insensata, uma vez que sabiam dos fatos. É dessa forma que os defensores da visão de mundo estabelecida costumam reagir. Galileu foi acusado de heresia e, para salvar sua pele, viu-se forçado a se desculpar publicamente. Além disso, obrigaram-no a afirmar que a Terra era um disco imóvel, circundado pelo Sol. Porém, durante o procedimento, ele teria sussurrado: "E, no entanto, ela se move".

Contudo, a semente de uma nova concepção de mundo já havia germinado, não importando quanto a Igreja tentaria impedi-la de crescer. O filósofo francês René Descartes promoveu seu desenvolvimento. Como consequência de uma série de sonhos, considerou a ideia de que corpo e alma, espírito e matéria, poderiam ser separados. Ele afirmou sua existência conjunta, mas revelou que poderiam ser também vistos separadamente. Essa simples afirmação tornou possível o estudo da matéria por si mesma, sem que fosse negada a existência de sua conexão espiritual.

Tal pensamento não foi considerado ofensivo pelos sacerdotes. Eles não perceberam seu poder explosivo, e nenhum deles poderia antecipar as proporções de seu alcance. A bola de neve, porém, estava, agora, em pleno movimento, e aumentaria mais com a contribuição de Isaac Newton, a próxima parteira a colaborar com o nascimento de uma nova concepção de mundo. Ele formulou as leis da dinâmica e explicou como os corpos celestiais se precipitavam uns ao redor dos outros. Sabe-se que descobriu a lei da gravidade quando, sentado sob uma macieira, foi atingido por uma maçã. De qualquer forma, o trabalho de Newton tornou-se base importante para o surgimento de toda a industrialização ocidental.

Os homens começaram a construir máquinas e criar empresas, novas ciências emergiram e o mundo nunca mais foi o mesmo. De um disco imóvel no centro do universo, a Terra se transformou em uma esfera em meio a outras, girando rapidamente por uma galáxia. E também girava ao redor do próprio eixo. As enfermidades não eram mais atribuídas a Deus, mas aos micro-organismos. Em relação ao clima e às colheitas, Deus teve também seu poder enfraquecido pelas leis da Física e da Biologia.

O conhecimento da realidade deixou de pertencer à religião e estabeleceu-se na Ciência. Nesse momento, quem o possuía eram os cientistas, e não mais os padres. O universo era visto como uma grande máquina, e não demorou muito para que os cientistas fossem capazes de descrever com precisão seu funcionamento. O idealismo religioso não detinha mais o reinado absoluto, e foi destronado pela lógica racional. O idealismo se transformou em materialismo.

Nascia uma nova era – uma era que alterou o modo como o homem via a si mesmo e ao mundo, de criações fantásticas como aviões, computadores e telefones celulares. Uma era que trouxe maior prosperidade para maior número de pessoas, muito além de qualquer outra na história, e alterou totalmente seu modo de vida. A humanidade no século XXI atingiu um nível de vida que o homem do século XVI jamais seria capaz de imaginar.

Entretanto, nada é eterno.

Hoje, no início de um novo milênio, começamos a perceber que essa extraordinária existência possui também seu lado sombrio. Cada vez aumenta mais a quantidade de pessoas na Terra, ao mesmo tempo em que milhares de outras formas de vida, plantas e animais estão desaparecendo para sempre em decorrência das ações humanas. As alergias estão se proliferando de maneira quase epidêmica. Não só as leis da Física exercem influência sobre o clima, mas a própria humanidade.

A abrangência de nosso campo de conhecimento tem apresentado um crescimento exponencial. Noventa por cento de todos os cientistas que já viveram na Terra estão hoje em atividade. Sabemos infinitamente mais do que sabíamos no século XVI, mas será que nos tornamos mais sábios?

Possuímos medicamentos cada vez mais avançados, mas será que estamos mais saudáveis?

Moramos em casas muito melhores, mas será que temos melhores lares?

A polícia possui métodos cada vez mais sofisticados à sua disposição, mas será que estamos mais seguros?

Cada vez mais, contamos com máquinas elétricas e equipamentos eletrônicos para nos poupar tempo e trabalho, mas será que estamos menos estressados?

Alguma coisa está errada. Por que tantos jovens estão cometendo suicídio? Por que tantas pessoas estão estressadas e esgotadas? De onde será que parte toda a violência não provocada e por que existe tão pouca bondade desinteressada? Por que os problemas ambientais estão crescendo tanto, apesar de termos conhecimento de suas causas, e para onde nos levarão? Hoje possuímos um número muito maior de bens, mas será que estamos mais felizes?

A antiga superstição religiosa foi substituída pela racionalidade materialista. Talvez um dia venhamos a descobrir que o materialismo é, na verdade, apenas uma nova forma de superstição. Talvez os problemas de nosso tempo representem um sinal de que nossa visão de mundo está, mais uma vez, prestes a ruir. Talvez a era materialista esteja esgotando suas possibilidades com rapidez.

Talvez nos encontremos de novo no limiar de uma nova era, como aconteceu no século XVI. Talvez a semente de algo novo tenha, outra vez, começado a germinar. Nesse caso, do que se trata essa nova era?

Ninguém sabe ao certo, mas penso que uma parte importante dessa visão de mundo será um aprimoramento da consciência humana. A atual Ciência de vanguarda nos dá indícios de que a consciência humana poderá vir a ser algo muito superior e muito mais estranho do que fomos levados a acreditar – algo que não possa ser explicado apenas em termos de gânglios, sinapses e impulsos químicos e eletromagnéticos que ocorrem em nosso cérebro.

O materialismo dominou as pesquisas e a Ciência. Dois conceitos que desempenharam um papel importante são o *positivismo* e o *reducionismo*. O positivismo nada tem a ver com pensamento positivo; significa que só existe aquilo que pode ser medido, pesado e calculado; que o que não pode ser provado, medido e calculado, ou repetidamente testado, não é considerado com seriedade.

A estratégia utilizada para conferir à Ciência credibilidade e rigor, criar um grande volume de conhecimento e máquinas úteis, tais como fornos de micro-ondas e aparelhos de diálise, foi, no geral, inteligente. Porém, ao mesmo tempo, mostrou-se incapaz de fornecer respostas às nossas questões mais profundas. Ela não nos diz muito sobre a natureza de nossa consciência. Como somos capazes de pensar? Como somos capazes de experimentar? Como somos capazes de lembrar? Até hoje, tais questões têm sido desconsideradas pela ciência.

Por *reducionismo* entende-se que, para adquirirmos conhecimento sobre algo, devemos reduzi-lo às suas menores partes, que são, então, estudadas com mais atenção. Pela análise das moléculas do pneu de um carro, por exemplo, você poderia adquirir algum conhecimento sobre as propriedades do pneu.

Mas isso só funciona de forma parcial. Um inteiro é sempre mais do que a soma de suas partes. O cérebro humano é mais do que a soma de suas moléculas. Uma melodia é mais do que a soma de suas notas. Você não pode sentir um poema do inglês John Keats apenas estudando a química da tinta utilizada para imprimi-lo. Você não pode encontrar o austríaco Wolfgang Amadeus Mozart desmontando seu aparelho de som. Você não pode entender um quadro do holandês Harmenszoon van Rijn Rembrandt pela análise das moléculas de sua pintura. Nossas experiências mais íntimas não estão apenas relacionadas aos átomos e às moléculas. Elas são, no entanto, muito reais.

Acredito que estejamos naquele momento desnorteante no qual um trapezista deixa para trás um dos trapézios, mas ainda não agarrou o outro. Observe com cuidado e verá que o próximo trapézio está a caminho, mesmo que o grande espetáculo do qual participamos hoje em dia – a mudança de nossa concepção de mundo – aconteça em câmera lenta. Acredito que uma nova concepção de mundo, ou paradigma, será gradualmente desenvolvida, como a revelação de uma foto. Ela, porém, nos conduzirá a uma mudança mais dramática e estranha em nossa mente do que aquela que ocorreu quando a Terra deixou de ser um disco imóvel para ser uma esfera giratória. Essa transformação demorou cerca de 150 anos para acontecer. Hoje, se dará de modo mais rápido.

Quando o escritor tcheco Vaclav Havel foi condecorado com a Medalha da Liberdade da Filadélfia, em 1994, disse em seu discurso:

> *Acredito que existam boas razões para que consideremos que a era moderna tenha chegado ao fim. Atualmente, existem muitas indicações de que estejamos vivendo uma situação de mudança na qual alguma coisa parece estar terminando enquanto outra está nascendo de forma dolorosa. É como se algo estivesse prestes a se desintegrar, apodrecer, dissolver, enquanto alguma outra coisa, ainda indefinida, estivesse na iminência de emergir dos escombros.*

É certo que algo está acontecendo. Os esforços da Ciência para estudar a consciência e o cérebro têm crescido drasticamente. É possível que o cérebro humano seja, com as partes mais profundas do oceano, o último território na Terra que ainda não foi explorado por completo. Talvez não esteja distante o momento em que perceberemos que a consciência humana é, dentre todas as questões, a mais importante e fundamental; que ela é muito mais do que um conjunto de processos mensuráveis no interior de nosso crânio. E que existe uma relação desconhecida, pelo menos até agora, entre mente e matéria – uma relação que pode não ser de aprisionamento, mesmo que se situe dentro dos limites de tempo e espaço.

Na velha concepção materialista do mundo, o homem é uma estrutura física que desenvolveu, por acaso, uma consciência, e em algum momento no futuro será possível mapear e descrever, com exatidão, como e por que ela trabalha. Trata-se, apenas, de uma questão de reações químicas e impulsos eletroquímicos no cérebro.

Entretanto, que tal se descobríssemos que é exatamente o contrário? O que acontecerá se for revelado que não somos um sistema físico que desenvolveu uma consciência, mas uma consciência que desenvolveu um sistema físico?

Essa pode, muito bem, ser uma parte da nova concepção de mundo, apesar da dificuldade de algumas pessoas em aceitá-la, como aconteceu com os padres de Roma em relação à Terra ser uma esfera giratória.

Os velhos barcos

O mar cintilava entre os troncos das árvores na residência de verão da família Frisk. O arenque do Báltico, recém-pescado e preparado, estava delicioso. Bebidas geladas na temperatura exata nos envolviam em uma atmosfera especial, que só pode ser sentida em uma suave noite de verão no arquipélago de Estocolmo. O início perfeito de uma longa viagem de férias em um veleiro.

A conversa oscilava entre questões profundas e tolices engraçadas. Comecei a pensar em nosso velho barco a vela, Mantra, um Westerly 28 inglês, que tínhamos vendido alguns anos antes para a família Bertenstam. A negociação fora muito rápida, embora eu não tivesse certeza se queria, de fato, vendê-lo.

Havia colocado um anúncio no jornal, a título de experiência. No entanto, às oito da manhã, o telefone já estava tocando. Era Bertenstam, meu primeiro possível comprador. Ele queria vir imediatamente ver o barco.

Uma hora depois, apareceu. Minha ambivalência reforçou minha honestidade sobre as várias imperfeições da embarcação. Havia um barulho estranho no motor, a antena do rádio estava quebrada, e assim por diante. Para minha surpresa, quanto mais defeitos eu revelava, maior era o entusiasmo de Bertenstam. Por fim, ele estava completamente encantado e certo sobre seu desejo de comprar o barco. Sem alarde, sem regateio – ele o queria – e ponto. Seu entusiasmo dissipou meus sentimentos ainda mal elaborados e, antes que percebesse, o negócio estava fechado.

Tempos depois, compreendi que Bertenstam gostava apenas de se manter ocupado consertando coisas. Ele havia me dito que crescera em uma oficina mecânica e os motores eram, para ele, uma grande diversão. Se o barco estivesse em perfeitas condições, o negócio não teria se realizado.

Passados alguns anos, eu me perguntava onde ele estaria. Seria ainda o dono do Mantra? Permaneceria satisfeito? Ninguém sabia.

Na manhã seguinte, alçamos as velas e deslizamos vagarosamente ao sabor de uma brisa leve, acompanhada por um maravilhoso sol de verão. Ancoramos para o almoço na enseada de uma pequena ilha e, então, decidimos velejar adiante... mas, para onde? Onde deveríamos ancorar para passar a noite? Não tínhamos planejado uma rota específica, apenas decidimos velejar para onde o vento nos levasse. Nesse dia, ele nos levou à ilha de Lökholmen, próxima a Sandhamn, o pequeno porto localizado na porção mais oriental do arquipélago. Ao cair da tarde, deslizamos sem pressa para o interior da enseada de Lökholmen.

O lugar estava lotado. Muitos barcos haviam ancorado lado a lado, de frente para as sólidas rochas que se inclinavam em direção à linha d'água. Como o espaço parecia muito apertado para acomodar mais um barco, pensei que teríamos de passar a noite na baía, com nosso barco preso apenas pela âncora. No entanto, assim que examinei a fila de barcos, pensei ter detectado um intervalo estreito entre dois deles. Talvez tivesse o tamanho exato para que, apesar de apertados, pudéssemos ancorar. Após várias manobras, finalmente conseguimos, com duas cordas de ancoragem em terra firme, a âncora segurando a parte traseira, e uma fila de defensas* entre os barcos vizinhos e o nosso. Apesar de termos ficado bastante apertados, esse é um procedimento aceito no alto verão, quando todos saem para o arquipélago.

Após a tarefa estressante de ancorar o barco, sempre há uma sensação prazerosa de relaxamento. Você faz uma pausa para respirar na cabine, talvez tendo nas mãos uma dose de uísque, examinando os arredores e curtindo a vida por um instante.

* Defensas são partes protetoras de um barco que não permitem que ele se choque com o quebra-mar no momento de atracar e ainda ajudam a manobrar a embarcação. (N.T.)

De repente, percebi que havia algo familiar no barco à nossa esquerda. Não seria... parece que era... sim, *era* o nosso velho barco Mantra!

Naquele exato momento, Bertenstam apareceu na cabine.

Sim, ele ainda estava velejando o velho Mantra, agora, em excelentes condições. E permanecia feliz com ele. Passamos juntos uma noite bastante agradável e todas as perguntas que eu havia feito na noite anterior foram respondidas.

Ficou, apenas, uma questão sem resposta. Em um dia ensolarado de julho existem cerca de 200 mil barcos entre as 24 mil ilhas daquela vasta área do arquipélago de Estocolmo. Como é que acabamos ficando lado a lado exatamente com aquele barco no qual tínhamos pensado na noite anterior?

Há algum médico aí?

Na manhã seguinte, nos despedimos de Bertenstam e velejamos para o norte. O vento sudoeste começou a diminuir por volta do meio-dia, mas o sol estava brilhando e não tínhamos pressa, nem um objetivo definido; estávamos apenas apreciando a beleza de tudo à nossa volta. À tarde, estávamos em calmaria total, próximos ao conjunto de ilhas Rödlöga. De repente, um vento proveniente do norte soprou com força. Certo, iríamos passar a noite em Rödlöga. Lá existe um pequeno posto comercial, no qual poderíamos reabastecer nossos suprimentos.

O vento setentrional, porém, continuava se intensificando e tornou mais difícil nossa ancoragem na ilha principal. Em vez dela, escolhemos a menor das ilhas, do outro lado do canal, ao norte, onde estaríamos protegidos do vento que, naquele momento, ficava mais forte. Estávamos praticamente sozinhos no local, com exceção de dois barcos que haviam ancorado cem metros à nossa direita. Algumas pessoas que costumam velejar preferem permanecer um pouco isoladas, enquanto outras desejam estar juntas, lado a lado. Eu pertenço à categoria dos que prefeririam ter um pouco de espaço entre o meu barco e o próximo.

No momento em que estávamos arrumando o barco, após termos velejado pela manhã, eu estava na popa e ouvi um barulho estranho – o som nítido de uma pancada. Chamei Agneta, com quem ainda era casado na época, mas não obtive resposta, apenas um gemido. Corri para a cabine do barco e lá estava ela, deitada no sofá, segurando uma das mãos. O que teria acontecido? Ela me mostrou sua mão e pude notar um sério corte em um dos dedos. A escotilha da cabine, ao ser fechada pelo vento, havia batido em sua mão, que ainda estava em uma das bordas. Era um corte bastante profundo e, naquele momento, me ocorreu uma associação maluca com um tomate que tivesse rachado ao cair no chão.

Como tínhamos a bordo um *kit* de primeiros socorros, tentei fechar o corte com fita cirúrgica, mas percebi que ele precisava ser suturado. Quem, no entanto, faria isso? Meus pensamentos estavam acelerados. Haveria um médico na ilha principal? Quem poderia saber?

"Preciso ir ao mercadinho da ilha, lá eles saberão. Eles têm um telefone. Mas como chegarei lá? Fica a, pelo menos, cem metros atravessando o canal e não temos um bote" – pensei.

Tentei acalmar Agneta e pedi a ela que ficasse deitada e descansasse; eu traria um médico. Corri para a praia em direção a um dos barcos, que possuía um bote. Expliquei a situação e perguntei se poderiam emprestá-lo. "Claro, vá em frente", responderam. Subi no bote e comecei a remar freneticamente atravessando o canal.

Então, fui atingido por um pensamento: "Existe alguém ou algo aí em cima que possa nos ajudar? Se houver, por favor, nos ajude". Dirigi meu pedido às densas nuvens cinzentas, sem uma expectativa real de resposta. Não podia persistir nesse pensamento, pois precisava me concentrar em dirigir o pequeno bote naquele mar agitado.

Entretanto, no momento seguinte, outro pensamento surgiu. Percebi que precisava de moedas para utilizar o telefone público da loja. Isso aconteceu antes que os telefones celulares transformassem nossas vidas. Virei o bote com rapidez e remei em direção ao nosso barco para pegar algum dinheiro.

Assim que me aproximei, vi que outro veleiro havia chegado e ancorado muito próximo à nossa esquerda. Um desconhecido estava parado no convés, manejando um cabo e, de repente, foi como se eu tivesse ouvido uma voz logo atrás de mim, um pouco acima da minha cabeça e à minha direita: "Ele é médico".

Naquela situação tão angustiante, posso dizer que minha reação não foi normal. Em vez de ficar surpreso e me virar para ver de onde vinha aquela voz, apenas pensei: "Ai, que bom! E escutei o som de minha própria voz falando ao homem que estava com o cabo: "Desculpe, mas minha mulher sofreu um acidente e, como você é médico, poderia vir comigo ajudá-la?"

Ele soltou o cabo, olhou para mim e, admirado, perguntou: "Como você soube que sou médico?"

De repente, percebi a singularidade daquela situação. O que poderia dizer? Não consegui responder de modo satisfatório, mas murmurei algo sobre ter apenas arriscado. Não ousei dizer que, de alguma forma, pensei ter ouvido uma voz vinda do espaço ou sabe-se lá de onde .

Ele foi até sua cabine, voltou com uma maleta de médico e subiu em nosso barco. Enquanto atendia Agneta, perguntou várias vezes: "Nunca nos encontramos; como você poderia saber que sou médico?" Eu ainda não tenho resposta para esta pergunta.

O contrabaixo e o terapeuta

Tentei tirar algumas notas harmoniosas do meu novo contrabaixo alemão. Percebi, mais do que já sabia, que se trata de um instrumento incômodo e difícil. Porém, gostei de surgirem notas reais quando puxei suas cordas e de ter soado exatamente como um contrabaixo deve soar.

Não tinha acontecido o mesmo com meu primeiro contrabaixo – um instrumento pequeno, barato, modelo estudante e feito de madeira compensada. Quando o comprei, não sabia nada sobre o contrabaixo, apenas que queria aprender a tocá-lo. Supõe-se que um instrumento deva emitir notas; esse, porém, era do contra: em lugar de emitir, ele absorvia as notas. Quando você puxava uma corda, tudo o que ouvia era um breve e enfadonho "puf" e, então, o silêncio. Eu tinha, de fato, alguma ideia de como um contrabaixo deveria soar e pensei que a total falta de condição desse instrumento para produzir qualquer tipo de nota se devesse à minha evidente inabilidade.

Um dia, ele acabou se espatifando no chão, e quando o peguei, o braço ficou pendurado pelas cordas. Estava quebrado. Quem poderia consertar algo assim? Não tinha a menor ideia, mas o jornalista Oscar Hedlund me deu uma dica: "Fale com o George", disse ele, "George Bohlin. Ele pode consertar quase todos os instrumentos. Diga a ele que eu o indiquei".

Duvidei. George Bohlin, o renomado fabricante de instrumentos que tinha feito o piano de cauda que encantou Bill Evans – aquele que Bill Evans tocou no famoso disco com Monica Zetterlund. Com certeza, eu não poderia procurar o grande George Bohlin por um problema tão insignificante como esse.

"O George não é assim. Ele é um bom sujeito. Diga apenas que eu o mandei", disse Oscar. Assim aconteceu, e o famoso fabricante de instrumentos realmente consertou o meu pequeno contrabaixo, que não tinha valor. Ele realizou um trabalho formidável. Quando fui pegá-lo, parecia estar muito melhor do que quando o havia deixado. O conserto no local onde o braço rachara era imperceptível. Calculei que pagaria muito mais por esse conserto do que havia pago pelo próprio baixo. Uma obra tão primorosa deveria custar caro.

"Não, não é nada", disse George.

Não entendi. "Mas você deve ter gasto muito tempo realizando um trabalho tão bom", insisti.

"Não, não quero cobrar nada por isso."

Eu me senti um bobo e continuei argumentando.

"Não", disse ele. "Meu mestre me ensinou algo importante: 'Não cobre nada por coisas insignificantes. Você deve cobrar bastante por grandes trabalhos, mas não por bobagens'. E isso foi uma bobagem."

Meus protestos foram inúteis. Ele estava irredutível e tudo o que pude fazer foi agradecer e expressar o meu apreço.

"Mas tenho de dizer uma coisa a você", falou, e olhou seriamente para mim. "Esse não é um bom instrumento."

Aquilo não me incomodou tanto quanto ele deve ter pensado que incomodaria. De alguma forma, foi bom ter escutado isso desse especialista pois, assim, pude dizer a mim mesmo que aquele som desagradável não era decorrente da minha incompetência.

O breve encontro com George Bohlin me ensinou algumas coisas. Em primeiro lugar, não cobre por coisas insignificantes e, em segundo, se você aceitar um trabalho, mesmo que seja sem importância, faça o melhor que puder.

O pequeno baixo que parecia estar perdido, encontrava-se, agora, consertado de forma refinada, mas ainda se recusava a oferecer um som decente. Nem mesmo George Bohlin tinha sido capaz de tal transformação.

Como ainda estava ansioso para produzir algum tipo de som de contrabaixo em nossas sessões esporádicas de jazz, comprei um contrabaixo elétrico para substituí-lo. O pequeno contrabaixo tirou umas férias e cheguei a pensar em vendê-lo. Porém, Agneta, que na época era minha esposa, achou o instrumento bonito e quis colocá-lo de pé em um canto, como uma peça decorativa. Ela ainda o conserva.

Certamente, o baixo elétrico produziu muito som, porém, no final das contas, acabei me cansando dele também. Não importava o quanto eu ajustasse os vários botões do instrumento e do amplificador, ele ainda soava elétrico demais. Nunca consegui fazer aquele contrabaixo de madeira soar como eu desejava. Isso só seria possível com um verdadeiro contrabaixo antigo. Mas onde se consegue achar um com tais características? Não tinha a menor ideia; sabia, apenas, que seria pouco provável encontrar um deles em uma loja comum de instrumentos musicais.

Havia acabado de aprender que os mais sofisticados contrabaixos do mundo tinham sido feitos antes da Primeira Guerra Mundial. Os mestres artesãos coletavam a madeira no alto das montanhas europeias, onde árvores como o abeto e o bordo cresciam lentamente e alcançavam a densidade correta. A madeira era, então, armazenada por longos períodos para secar e atingir a estrutura e as características exatas antes de ser moldada na forma de instrumentos.

Entretanto, muitas oficinas dos mestres artesão situavam-se em partes da Europa onde ocorreram as lutas da Primeira Guerra Mundial, que duraram vários anos. Havia muitos quilômetros de trincheiras lamacentas nas quais os soldados morriam de frio e de fome durante esse inferno sem fim. Para salvar suas vidas, cozinhar e se manterem aquecidos, eles recolhiam todo tipo de madeira e outros materiais inflamáveis.

Esse foi o fim da excelente madeira produzida nas montanhas e armazenada pelos fabricantes de instrumentos. Desde então, os estoques nunca foram recuperados.

Os tempos mudaram e tornou-se muito dispendioso e incômodo trazer madeira das montanhas. O tratamento da madeira e a fabricação de instrumentos tornaram-se menos artesanais e passaram a ser mais industrializados. Essa é a razão pela qual os melhores contrabaixos foram fabricados antes da Primeira Guerra Mundial.

Esperava encontrar uma dessas antiguidades – era um dos objetivos ou desejos que me ocupavam diariamente. O outro era achar um bom terapeuta.

Nessa época, nosso casamento enfrentava um período de turbulência. Já havíamos tentado dois tipos de terapia esperando conseguir ajuda, porém, os resultados foram bastante insuficientes. Uma dessas tentativas aconteceu com um terapeuta de casais em que nós dois não confiávamos. A outra foi com com um psiquiatra, um homem esquisito e desagradável, do qual também nenhum de nós gostou. A terapia terminou após poucas sessões, quando eu, furioso, disse a ele que se alguém naquela sala necessitava de terapia, esse alguém era ele.

Percebi que no mundo da psicoterapia, como em qualquer outro meio, existe uma grande diferença entre o bom e o mau profissional. Existem bons e maus dentistas, bons e maus advogados, bons e maus profissionais de propaganda; a questão é perceber e entender a diferença quando você mesmo não pertence àquele mundo.

Um turbilhão de sincronicidades começou a influenciar os acontecimentos. Dois eventos distintos ocorreram quase simultaneamente e se entrelaçaram de tal maneira que acabaram resolvendo meus dois problemas de forma impecável.

O primeiro fato foi meu companheiro de jazz Dick Nilson me contar que tinha ouvido falar sobre uma pessoa que estava vendendo um velho contrabaixo. Seu nome era Sven Söderberg. Entrei em contato com ele e marcamos uma hora para que eu fosse ver o instrumento.

O outro acontecimento foi um telefonema de uma senhora que havia lido uma entrevista que eu concedera para uma revista. Ela perguntou se minha agência poderia ajudá-la em um projeto especial no qual estava trabalhando e se apresentou como Monica Getz. Marcamos uma reunião em meu escritório.

Fiz uma visita ao Söderberg, um homem gentil que tanto havia sido músico de jazz quanto capitão de um navio. Ele queria vender seu contrabaixo alemão do século XIX. Comecei, com avidez, a dedilhar suas cordas e fiquei exultante, pois tal instrumento realmente produzia as notas de um contrabaixo. Além disso, parecia ser fácil tocá-lo e eu estava, então, prestes a negociar com ele.

Enquanto conversávamos sobre tocar contrabaixo e também sobre jazz, Sven acabou mencionando o fato de ser um estudante do segundo ano de psicoterapia, na Gestalt Academy.* Eu estava surpreso. "Ele deve conhecer o mundo da terapia!", pensei. Resolvi arriscar e contei a ele sobre nossa busca. Será que poderia nos recomendar alguém?

Ele compreendeu e disse que a melhor opção seria um terapeuta chamado Lars Norberg, diretor da Gestalt Academy. No entanto, seria impossível chegar até ele, pois era um profissional muito solicitado. De qualquer forma, Sven prometeu que pensaria no assunto e me sugeriria outros nomes. Esse seria, ao menos, um começo.

Quando recebi o cartão de visitas das mãos de Monica Getz, por ocasião do nosso encontro em meu escritório, não pude deixar de perguntar a ela sobre o seu sobrenome. Teria ela alguma relação com o lendário Stan Getz, um dos maiores saxofonistas da história do jazz? Sim, ela havia sido casada com ele,

* Gestalt Academy é uma organização privada, sem fins lucrativos, situada em Estocolmo, na Suécia. Faz estudos e pesquisas em psicoterapia e concentra-se no ensino da Gestalt-terapia, baseada no ideal experimental do "aqui-agora" e nas relações com os outros e com o mundo. (N.T.)

mas estavam divorciados. Não parecia muito interessada em falar sobre o assunto. Seu objetivo era algo muito diferente – um novo método de tratamento para dependentes de álcool, denominado Método Hazelden ou Modelo Minnesota, e ela estava prestes a introduzi-lo na Suécia, com o médico-chefe da Scandinavian Airlines (Aerolíneas Escandinavas). Eles começariam com uma conferência de vulto no Grande Hotel. "Vocês poderiam ajudar com a publicidade?", perguntou-me. Contavam com pouquíssima verba.

Talvez eu tenha dito sim por ela ter sido casada com Stan Getz, e até consideraríamos o trabalho como um projeto *pro bono,* ou seja, não cobraríamos nada. Ela ficou muito satisfeita e, em troca, ofereceu-se para vir, uma noite, à agência com o médico da companhia aérea para mostrar um vídeo sobre o Método Hazelden e trazer informações à nossa equipe sobre as várias facetas do alcoolismo e seus sinais de advertência. Uma vez que, segundo estatísticas, uma entre dez pessoas são predispostas ao alcoolismo, poderíamos supor que houvesse em nossa companhia determinado número de pessoas na zona de perigo. Aceitei sua oferta e agendamos uma noite para o evento.

Quando Sven e eu voltamos a nos encontrar para acertar o acordo referente ao contrabaixo, não resisti e acabei contando a ele sobre meu encontro com a ex-mulher de Stan Getz. Também mencionei seu trabalho. Ele levantou as sobrancelhas: estava muitíssimo interessado.

"Isso parece ser muito interessante. Na verdade, vou fazer uma especialização em tratamento de dependentes químicos. Existe alguma chance de eu assistir a essa apresentação?" Certamente, ele seria bem-vindo.

Alguns dias depois, ele telefonou.

"Acabei de conversar com Lars Norberg. Ele também está muito curioso a respeito do Método Hazelden e gostaria de ir àquela apresentação. É possível?"

"Claro que sim!", respondi. Estava bastante ansioso para encontrar o famoso terapeuta e, agora, essa chance havia surgido do nada.

A noite acabou sendo muito instrutiva e interessante, porém, para mim, o aspecto mais interessante era o encontro com Lars Norberg. O grande terapeuta não pareceu tão inacessível e distante como havia imaginado. Pelo contrário, era um homem muito compreensivo, cheio de calor humano, e é claro que me aventurei e lhe perguntei se haveria possibilidade de ele atender a mim e minha esposa. Para minha surpresa, ele disse sim, sem hesitação.

Hoje em dia, muito se fala na "lei de atração" e no "poder da intenção". A ideia é que, se você firmar seu pensamento em algo, em algum desejo ou necessidade, esse foco mental e emocional atrairá as soluções.

Naquele momento, ainda não tinha ouvido falar em tais coisas, mas estava bastante preocupado com meus dois desejos: encontrar um bom contrabaixo e um bom terapeuta. No decorrer de duas semanas, esse pequeno turbilhão de eventos sincronísticos havia realizado ambos — um bom contrabaixo proveniente da época ideal e o melhor terapeuta possível.

Norberg nos conduziu a um divórcio decente, se é que isso possa existir. No mínimo, ele ajudou que evitássemos as armadilhas habituais e nos separássemos amigavelmente.

O apartamento

Estávamos em meio ao nosso processo de separação e eu precisava alugar um apartamento onde pudesse morar por um tempo e analisar minha situação. Um pequeno apartamento de dois quartos, mobiliado, seria ideal. Mas onde eu encontraria um apartamento assim?

Há mais de vinte anos eu não procurava um lugar para morar e tinha apenas uma vaga noção de que não seria, provavelmente, uma tarefa tão fácil. Os anúncios de jornal não tinham muito a oferecer e as autoridades locais responsáveis pelos projetos de moradias sociais não perderiam tempo com soluções temporárias. Além disso, era quase certo que, pelas vias oficiais, haveria uma lista de espera de cinco anos. É isso o que costuma acontecer quando o governo precisa gerenciar a distribuição de algo que muitas pessoas desejam – como na Alemanha Oriental, onde a espera por um carro Trabant* poderia levar até quinze anos.

Eu precisava encontrar outra solução. Então, lembrei-me de ter visto uma pequena placa anunciando apartamentos em uma janela na rua que ficava próxima ao escritório, bastando apenas virar a esquina. Estaria ainda ali? Fui até lá e a encontrei, ligeiramente torta, porém ainda pendurada no mesmo lugar. Como minha necessidade era urgente, entrei.

Um homem de mais ou menos 30 anos estava sentado atrás de uma grande escrivaninha. A mobília era bastante simples e a atmosfera não podia ser descrita como acolhedora. É provável que alguma autoridade fiscal achasse o local suspeito. Entretanto, como precisava de um apartamento com urgência, deixei minha leve apreensão de lado.

O homem olhou desconfiado para mim, quando comecei a descrever minhas necessidades. Pouco a pouco, entendeu que não tinha nenhuma outra intenção além daquela que havia mencionado. Tornou-se, então, um tanto mais amistoso. Claro, ele poderia encontrar algo para mim. O preço seria de mais ou menos 2 mil dólares, sendo que 100 dólares deveriam ser pagos a ele à vista, para que começasse a procurar. Concordei. Dei o

* Trabant foi um automóvel produzido pela Sachsenring, Zwickau, na antiga Alemanha Oriental, a República Democrática Alemã (RDA), entre 1957 e1991. (N.T.)

dinheiro a ele e me senti bastante esperançoso enquanto saía para a rua, na ofuscante luz do sol daquele outono.

Talvez eu tivesse exagerado quando imaginei as dificuldades e não fosse tão complicado, pensei, enquanto subia as escadas do escritório. Ele pareceu querer bancar o esperto, mas isso não faria diferença, desde que conseguisse o apartamento rapidamente para mim. Tudo o que precisava era ter certeza de que ninguém seria roubado.

De volta ao meu escritório, tentei me concentrar no costumeiro fluxo de preocupações diárias; meus pensamentos, porém, permaneciam no escritório do corretor de imóveis, tão pouco acolhedor. Outros pensamentos começaram a oprimir minha mente. Sentimentos de culpa, um tanto obscuros, sobre a separação. Teríamos feito a coisa certa? Seria tudo culpa minha? Teria sido uma ideia tola conseguir um apartamento na cidade? Ficaria tudo mais definido dessa maneira? Meus pensamentos prosseguiam, sem cessar, mas foram bruscamente interrompidos pelo telefone que tocava.

"Oi, é o Bengt."

Bengt Stern era um bom amigo que, como médico, nunca havia deixado de desafiar o sistema estabelecido da Medicina. Ele sempre pensou e agiu de acordo com a prática terapêutica de vanguarda, o que fez as autoridades médicas não verem com bons olhos o fato de estar inscrito no Conselho de Medicina. Apesar de todas as dificuldades, ele havia criado o Mullingstorp Health and Education Centre (Centro Mullingstorp de Saúde e Educação) e o transformou em um dos lugares mais eficientes em desenvolvimento pessoal de todo o mundo. Com o tempo, até mesmo as autoridades médicas haviam começado a encaminhar pacientes à Mullingstorp. Uma vingança honrada para Bengt.

"Oi Bengt, como vai?", perguntei.

"Bem, obrigado. Eu só liguei para perguntar uma coisa a você. Sabe, tenho um apartamento recém-reformado e mobiliado, de dois quartos, na rua Bastugatan, com uma linda vista para o mar. Gostaria de alugá-lo por um ano e pensei que, talvez, você conhecesse alguém que pudesse se interessar."

De fato, eu conhecia.

A estranha sincronicidade me fez sentir que essa deveria ser a opção correta. Fiz o acordo sem nenhuma hesitação e sem ao menos ter visto o imóvel. Logo após a conversa ao telefone com Bengt, liguei para o moço do outro apartamento e disse que ele poderia parar de procurar e ficar com o dinheiro.

O apartamento era tão agradável quanto Bengt havia dito. A mobília, pelo contrário, não figuraria nas páginas de nenhuma revista de decoração. Na verdade, era horrível. Cada vez que entrava no apartamento, aquela feiura ganhava vida e lançava-se sobre mim. A mobília havia cumprido sua função no consultório de algum velho médico e, agora, tinha sido aposentada no apartamento, aguardando o fim de seus dias.

No entanto, eu apreciava aquela feiura, pois fazia parte do meu castigo. Cabia como uma luva. Ela atenuava um pouquinho meu sentimento de culpa. Porém, assim que olhava pela janela, minha culpa retornava com força total: a vista para o mar, talvez, era um pouco bonita demais...

capítulo

4

Do que será que somos parte?

Nosso conhecimento é apenas uma gota no oceano da ignorância.

William James

O que a Ciência conhece sobre a realidade é apenas um fragmento daquilo que existe para ser conhecido. Essa é uma percepção que deveria nos conduzir a uma certa dose de humildade. Ninguém pode explicar a energia que pulsa em suas artérias, ninguém pode explicar como você foi dotado de consciência, ninguém pode explicar como você se tornou um ser humano.

O que será isso que não conhecemos? Os horizontes do conhecimento humano expandem-se cada vez mais. Passo a passo, conquistamos o desconhecido e, no entanto, estamos apenas um pouco distantes da margem do enorme oceano da ignorância. Que segredos estarão escondidos além do horizonte?

O que será esse estranho episódio que vivenciamos do berço ao túmulo? O que será isso que denominamos vida? Como é possível que a pequena semente de uma árvore contenha a promessa de mil florestas?

Sabemos que a matéria é constituída por moléculas que, por sua vez, são formadas pelos átomos que, por sua vez, são compostos por partículas elementares e assim por diante. Porém, de onde vem tudo isso? Como tudo começou? Como tais átomos foram capazes de se organizar e formar algo tão impressionante como o ser humano? E por quê? Deve haver alguma espécie de intenção envolvida, algum tipo de inteligência que influencia o que acontece no mundo material.

Uma única célula do corpo humano é mais complicada que o computador mais avançado, e temos vários trilhões de células, todas com suas especialidades: uma produz substâncias químicas cerebrais, outra elimina bactérias, outra limpa o sangue, e assim por diante. Como é possível? Como o corpo humano, esse fantástico e inigualável sistema, pôde formar-se a partir de algumas moléculas na espuma das ondas de uma praia? (Sem levarmos em consideração quantos raios caíram, caso isso, de fato, tenha acontecido.)

E não para por aí. Mesmo se a matéria morta, de uma forma milagrosa, tivesse conseguido se organizar para formar o veículo vivo que é o corpo material do homem, como ela teria conseguido criar também um condutor – que chamamos de consciência? Como poderia algo tão imaterial como a consciência ter surgido de algo tão inconsciente como a matéria?

Alguns podem ridicularizar tais questões, afirmando ser quase uma estupidez elaborá-las, já que não podem ser respondidas. Outros imaginam ter as respostas e não as julgam nada estranhas. Darwin explicou tudo de uma vez por todas: um pouco de espuma em uma praia de um velho oceano, caem alguns raios, acontece uma reação química, e – em um passe de mágica – tem início a evolução. Alguns milhões de anos depois, na atualidade, andamos por aí como supremas façanhas da criação. Provas vivas da teoria da "sobrevivência dos mais fortes". Não há nada de estranho nisso.

Bom, eu acho tudo muito estranho! Um pouco de matéria morta naquela praia tomou um choque elétrico e, mais tarde, tivemos um Jesus, um Sócrates, um Shakespeare e um Einstein.

Em 1981, os astrônomos Chandra Wickramasinghe e Fred Hoyle calcularam a probabilidade de que os seres humanos tivessem sido criados dessa forma. Eles descobriram que a probabilidade seria a mesma de que um furacão em um ferro-velho acabasse juntando peças e formando um grande avião a jato.

O professor alemão Werner Gitt conduziu um estudo interessante sobre o DNA humano. Ele calculou a quantidade de informação existente em um pequeno fragmento de DNA do tamanho de uma cabeça de alfinete. Se você escrevesse toda essa informação em uma série de livros de bolso e os colocasse uns sobre os outros, qual seria a altura dessa pilha de livros? Werner Gitt descobriu que seriam formadas 500 pilhas de livros de altura equivalente à distância entre a Terra e a Lua.

Mas como seria possível transferir essa enorme quantidade de informação de uma geração para outra? Não se conhece lei científica capaz de explicar como tamanha proporção de vida poderia ter emergido de matéria morta.

Não seria necessário um emissor inteligente por trás de toda essa complexa informação? Alguma forma de consciência?

Não desmerecendo o trabalho de Darwin, podemos dizer que seus ensinamentos não podem ser considerados totalmente verdadeiros. É muito provável que a girafa tenha desenvolvido um pescoço longo porque os indivíduos com o pescoço mais longo eram os que podiam alcançar melhor a comida no topo das árvores. Eles sobreviviam com mais facilidade, ficavam mais fortes e eram, por conseguinte, mais atraentes para o sexo oposto. Dessa forma, sua predisposição hereditária para pescoços longos foi dominante e tornou-se mais forte no transcorrer dos milênios.

Trata-se de uma explicação plausível, mas que não me satisfaz. Devem existir outras. Não me refiro a alguma história bíblica infantil na qual um homem velho, de barbas longas, estaria sentado no céu olhando para a Terra e teria gritado com uma voz retumbante: "Haja vida!". Deve existir uma verdade além dessa, uma história para a nossa época, mesmo que ainda não tenha sido escrita. Acredito que a nova história será sobre uma realidade imaterial, um campo de inteligência, de consciência, de informação e de energia que existe sempre e em todos os lugares, independentemente de tempo e espaço. Um campo que se revelará como a realidade maior que se encontra além da realidade mais limitada que podemos ver e tocar.

Nossa pequena consciência pessoal é parte dessa consciência maior, embora não estejamos cientes disso. Assim como é provável que uma célula do meu dedão do pé não tenha consciência de ser parte de uma totalidade maior que corresponde ao meu ser. Eu, porém, sendo essa totalidade, estou ciente da existência dessa célula. Entretanto, não tenho muito conhecimento sobre a totalidade maior da qual eu mesmo, talvez, seja parte. Não posso saber, mas posso acreditar.

O economista alemão E. F. Schumacher conferiu ao desconhecido um ponto de vista simples, mas engenhoso. Ele menciona quatro níveis ou reinos na Terra: mineral, vegetal, animal e hominal, e afirma que cada reino inclui o reino anterior, mas também algo mais, algo superior, algo desconhecido.

Ao reino mais inferior, o mineral ou material, que podemos pesar e medir, ele dá o nome de M. Ele é parte do próximo reino, o vegetal. Os vegetais, dessa forma, incluem M, mas também algo mais que não podemos medir ou pesar, aquilo que denominamos vida. As plantas vivem e procriam. Como não sabemos ao certo o que seja a vida, ela se torna o fator X. Os vegetais são, portanto, M + X.

O reino seguinte, o animal, inclui o que existe nos dois reinos inferiores, M + X, mas também um novo fator desconhecido, ou seja, uma forma de consciência. Ela existe no instinto da formiga de carregar a pequena folha de um pinheiro para empilhá-la em sua casa, no desejo da andorinha de voar para o sul no outono; existe em nossa cadela Silly, pulando de alegria quando percebe que chegou a hora de passear. A consciência inexplicável do mundo animal é o fator Y, e agora temos dois fatores desconhecidos: M + X + Y.

O reino mais elevado que conhecemos – o dos seres humanos – inclui M, X e Y, mas temos um aspecto desconhecido adicional, outro nível de consciência. Estamos cientes do fato de que possuímos uma consciência. Podemos pensar no tempo passado e futuro, podemos planejar, estamos conscientes de que iremos morrer, podemos contemplar o sentido da vida e o que vamos comer no jantar hoje à noite. Os seres humanos, no entanto, contêm matéria, M, e também nada menos do que três níveis de algo desconhecido: vida, consciência e capacidade reflexiva. Passamos, então, a ser M + X + Y + Z.

A trama se complica. M é tudo aquilo que podemos pesar e medir. O resto pertence aos domínios do imaterial. Além do mais, a única parcela que conhecemos deve ser apenas uma pequena parcela de um espectro muito maior. Nossos ouvidos podem escutar sons apenas dentro de uma amplitude limitada de frequência e nossos olhos podem enxergar somente dentro de uma determinada amplitude de frequências luminosas. Com a ajuda de instrumentos, podemos ir mais adiante, às luzes ultravioleta, infravermelha, entre outras. Porém, o que existirá além disso?

A Ciência foi muito bem-sucedida ao explorar M, a matéria. Auxiliada pelos instrumentos, ela pôde verificar que M é constituída de moléculas que, por sua vez, são formadas por átomos e, além deles, os físicos quânticos continuam buscando partículas elementares – quarks, léptons, bósons, neutrinos e outras miudezas exóticas. Entretanto, essas entidades evasivas parecem alternar seu estado, ora como partículas, ora como energia, em uma caótica nuvem de possibilidades. Lá, em algum lugar, encontra-se o horizonte do conhecimento humano.

No outro extremo desse espectro está a consciência, que só nos últimos tempos tornou-se objeto de estudos mais abrangentes. Por que a progressão dos reinos não deveria continuar também nessa direção? Por que não existiriam reinos até mesmo mais elevados de consciência que incluíssem os fatores inferiores de X, Y e Z, mas também algo além disso?

Será que quando morremos simplesmente deixamos o nível inferior, mais pesado e denso, M, a matéria, o corpo, e continuamos com os outros intactos?

Será que nossa parte imaterial se uniria, então, ao campo mais elevado da consciência?

Durante toda a história da humanidade as pessoas acreditaram intuitivamente em algo mais elevado, que chamaram de Deus, de Alá, de Campo Unificado, de Holograma Quântico, e de uma série de outros nomes. Uma das descrições mais avançadas que já ouvi é "um campo não local de energia e informação com circuitos de retorno cibernéticos, individuais e autorreferentes". Não importa se o chamamos de Deus, de Campo ou de Steven. Ele está lá de qualquer maneira, como uma inteligência cósmica muito além de nossa compreensão. Essa é, para mim, a única explicação plausível para o mistério. Uma espécie de internet espiritual à qual estamos todos conectados por meio do nosso computador pessoal interno. Somos constantemente influenciados por ela e ela, por sua vez, é constantemente influenciada por nós, por nossos pensamentos, sentimentos e intenções. Trata-se de uma situação bastante interativa.

O homem sempre concebeu ideias sobre poderes superiores que se modificaram com o passar do tempo. Os vikings tinham Odin, Thor e toda a assembleia em Valhala. Os antigos gregos possuíam Zeus e os deuses do Olimpo. O mundo hindu está repleto de deuses ao redor de Krishna, os muçulmanos têm Alá; os cristãos se satisfazem com apenas uma autoridade espiritual, Deus, mas pelo menos ele tem Jesus, Maria e muitos anjos e santos à sua volta. As religiões xamanistas vivem com uma pletora de espíritos e divindades diferentes. Os ateus da atualidade, que se recusam terminantemente a reconhecer qualquer divindade, são minoria no mundo. Apesar de tudo, sua noção de que não há nada que possamos chamar de Deus é, em si mesma, uma crença, uma fé.

Parece que a maioria das pessoas possui uma necessidade inata de acreditar em algo superior. Talvez, afinal de contas, não seja apenas uma crença.

Ao longo dos tempos, muitas pessoas experimentaram, de fato, uma ligação com algo superior, indescritível, que excede o mundo material. Elas vivenciaram "o Campo" de diversas formas, e tentaram, então, representar a experiência utilizando algo que a consciência rotineira possa captar.

Tais vivências se repetem aos milhões ao longo da história da humanidade. Algumas delas, como as experiências de Jesus, Buda e Maomé, chegaram até mesmo a gerar novas religiões.

Existem, também, na literatura e na poesia, numerosas tentativas de descrever a experiência de contato com essa realidade superior. No entanto, todos os que tiveram essa experiência parecem concordar que ela não pode ser descrita de uma maneira comum. Palavras como "luz", "amor", "totalidade", "êxtase" e "sentimento" são consideradas ecos vagos e inadequados daquilo que foi vivenciado. A linguagem é uma prisioneira, cercada pelas muralhas do tempo e do espaço. O Campo, porém, situa-se além das muralhas; logo, a linguagem não é capaz de descrevê-lo de modo adequado.

Da mesma forma, existem coisas mais simples e corriqueiras que também são impossíveis de descrever. Eu não seria capaz de descrever a você o sabor de um morango. Se você nunca tivesse comido um, a única maneira de descobrir sobre ele seria experimentando.

Talvez Lao Tsé, o pai do Taoísmo, tenha formulado da melhor maneira possível a dificuldade de comunicação da experiência da totalidade. Quando lhe perguntaram "O que é o Tao?", respondeu: "Aquele que sabe, não fala. Aquele que fala, não sabe".

Gustaf e Kim

Kim von Platen é o filho do falecido e lendário homem da mídia jornalística Gustaf von Platen. Pai e filho não tinham muito contato e viviam quase totalmente separados. Gustaf era o editor chefe do *Svenska Dagbladet*, um dos principais jornais diários da Suécia, e Kim era um dos líderes da agência de propaganda Söderqvist & Platen.

"Kim e eu sempre vivemos separados e nunca tivemos um relacionamento próximo, do que me arrependo", disse Gustaf. "Ambos nos sentimos um pouco tristes pelo fato de não nos vermos com frequência."

Kim tinha o mesmo sentimento. "Somos próximos, de certa forma, e nos respeitamos muito, mas é como se sentíssemos uma espécie de amor e ódio. Quase nunca nos encontramos."

Pai e filho, de fato, nutriam um desejo profundo de um contato mais próximo, mas algo em seu comportamento externo impedia que isso acontecesse. Poderiam essas emoções profundas, porém, não realizadas, ter alguma relação com o que estava para acontecer? Gustaf pensava que sim.

Kim estava em uma turnê de golfe na Inglaterra, com sua esposa e os pais dela. Seu sogro era um conhecido especialista em cavalos e uma personalidade do rádio. Aquela era a época das eleições parlamentares na Grã-Bretanha, quando Margaret Thatcher foi eleita primeira-ministra. Kim e seus acompanhantes encontravam-se, naquela noite, em Trafalgar Square, onde os londrinos se reúnem em noites de eleição para acompanhar, nos telões, a contagem final dos votos.

A praça, superlotada, estava cheia de vida. Mais de 10 mil pessoas comentavam, riam, murmuravam e discutiam, enquanto os resultados eram rapidamente projetados nos telões. Pairava no ar uma atmosfera de alegria e divertimento.

De repente, Kim sentiu que havia algo familiar no homem que estava bem à sua direita. Era Gustaf, seu pai.

Gustaf estava em Londres cobrindo as eleições para seu jornal, *Svenska Dagbladet*. Ele havia perguntado ao editor geral o que os londrinos costumavam fazer nos dias de eleição e foi informado de que sempre se reuniam em Trafalgar Square – esse era o lugar certo. À noite, Gustaf estava lá com seu fotógrafo para captar a excitação e a atmosfera do local.

Em meio à multidão, ele pensou ter ouvido pessoas falando o idioma sueco e olhou à sua volta. Ali, ao seu lado, estava seu filho Kim. No mesmo momento, um sentiu a presença do outro. Nenhum dos dois tinha conhecimento de que o outro estaria em Londres. A noite terminou com um jantar no restaurante Rules.

Alguns anos depois, Kim estava em Paris fazendo uma viagem de negócios para sua agência de propaganda. Ele sabia que seu pai havia sido enviado para lá naquele momento como correspondente, mas não queria procurá-lo, pois a agência tinha uma agenda bastante lotada e Kim sentia-se responsável, como líder do grupo. Ele simplesmente não teria tempo de visitar seu pai.

Registraram-se no hotel. Kim, que gosta de fotografia, queria aproveitar a oportunidade para tirar algumas fotos rápidas antes do almoço e, sendo assim, foi caminhar com um colega da agência. Eles foram em direção à Praça da Concórdia e tomaram uma xícara de café em uma lanchonete antes que saíssem para a grande área aberta. Kim queria tirar algumas fotos do grande Obelisco de Luxor, o obelisco egípcio que ocupa uma posição de destaque, situado no centro da praça. A Praça da Concórdia é o maior espaço aberto de Paris, e foi lá que Luís XVI, Maria Antonieta, Robespierre e muitos outros foram decapitados.

A grande praça estava, como de costume, quase vazia. Os parisienses raramente passeiam por lá – na maioria das vezes, só o turista ocasional desafia o eterno carrossel de carros à sua volta. Kim e seu amigo começaram a fotografar o magnífico obelisco. Eles mal perceberam uma pessoa sozinha que se aproximava de longe, um pequeno ponto a distância que gradualmente assumiu proporções humanas. A trajetória do andarilho o conduziria ao local onde estava Kim. Assim que ele se aproximou, Kim percebeu algo familiar naquela silhueta e logo essa familiaridade seria comprovada, pois tratava-se de seu pai, Gustaf von Platen.

"Tive a ideia de caminhar pela Praça da Concórdia. Existem mil maneiras de ir para onde estava indo. Iria entrevistar o presidente Pompidou mas, por alguma razão, senti que hoje deveria pegar esse caminho e atravessar a praça", disse Gustaf.

Quando ele se aproximou do monumento, notou a presença de duas pessoas fotografando. De alguma forma, uma delas parecia familiar e logo reconheceu seu filho Kim. Ele não fazia ideia de que Kim estivesse em Paris. Levando-se em consideração o fato de Paris ser uma cidade grande e a quantidade de pessoas que se aglomeram por ela todos os dias, a probabilidade de se encontrarem não seria muito grande. Mais uma vez, o encontro terminou com um jantar.

Alguns anos depois, Gustaf estava em Nova York, fazendo uma reportagem para seu jornal. Como tinha algumas horas livres, decidiu perambular pelas ruas, algo bastante agradável para se fazer em Manhattan. Quando percebeu, estava na grande loja de departamentos Bloomingdale's, na Terceira Avenida, e decidiu entrar. No interior da loja, continuou a passear, sem interesse específico, impressionado pela grande quantidade de mercadorias expostas. Meio distraído, parou próximo a um expositor giratório de gravatas.

Kim, por sua vez, não sabia que Gustaf estava em Nova York. Ele havia viajado para lá com seu sócio Stig Söderqvist. Um de seus clientes era a companhia telefônica Telia, e eles estavam lá para visitar a grande agência de publicidade N. W. Ayers, que trabalhava com uma companhia equivalente à Telia nos Estados Unidos, a AT&T.

Na pequena agência Söderqvist & Platen trabalhavam apenas treze pessoas. A agência N. W. Ayers possuía mais de seiscentos funcionários que se dedicavam exclusivamente à companhia AT&T.

Stig e Kim apresentaram uma campanha que tinham realizado para a Telia, na Suécia. Os funcionários da Ayers gostaram muito do trabalho e perguntaram se poderiam utilizar o mesmo tema para sua campanha. "Claro, por que não?", e a ideia de Söderqvist & Platen foi difundida nos Estados Unidos. No entanto, eles jamais receberam qualquer remuneração por isso.

Stig conta como, inesperadamente, viu Kim e Gustaf parados, um de cada lado do expositor de gravatas. Kim tentou girá-lo para ver outras gravatas, mas sentiu alguma resistência.

"Estava curioso para descobrir qual seria o entrave e, então, olhei do outro lado. Lá estava Gustaf, segurando o expositor."

"Alguém começou a girar o expositor quando eu estava prestes a tirar a sua gravata. Fiquei um pouco irritado e não o soltei, para que pudesse pegá-la. Foi, então, que vi de quem se tratava", disse Gustaf.

Aquele dia terminou com um agradável jantar no Aquavit.

A mulher do sonho

Foi um sonho incomum, sem história, sem ambiente – tudo era preto, com exceção de uma coisa: um aparelho de televisão que parecia flutuar na escuridão, mais ou menos a uns três metros à minha frente, ligeiramente para a esquerda. A tela mostrava um *close* de uma anunciante loira que falava para mim. Nunca a tinha visto antes e me perguntava quem seria ela e o que poderia querer.

Era charmosa e parecia um tanto ansiosa, como se quisesse me convencer de algo. Ela falou, mas não pude ouvir nenhuma palavra e nenhum som. A televisão estava sem som, mas eu tinha a sensação de que ela queria me envolver em alguma coisa, algum tipo de projeto. Havia ainda uma insinuação romântica, levemente erótica.

Eu a observei, ainda me perguntando quem seria. De repente, tomei consciência de uma presença na escuridão, bem atrás de mim, à esquerda. Percebi a figura de um homem oriental que usava uma túnica azulada. Estranhamente, não senti isso como algo assustador ou desagradável, e também não era um pesadelo. Pelo contrário, sua presença parecia ser benéfica e positiva, quase amorosa e protetora.

Ele tocou no meu ombro e disse que essa mulher tentaria entrar em contato comigo. Ela procuraria me envolver em uma determinada atividade e, por fim, desejaria iniciar um relacionamento comigo. Não consigo lembrar se ouvia sua voz ou apenas captava seus pensamentos, mas posso dizer que o que comunicava era bastante claro. Ele me preveniu e disse que eu não deveria me envolver de forma alguma com essa mulher. Se o fizesse, as consequências negativas seriam muitas. Ele não especificou o que aconteceria, apenas afirmou tratar-se de algo importante.

Não tive a sensação de que fosse uma ordem ameaçadora, mas um aviso útil e amigável, tal qual o dos pais a uma criança. Sua presença era tão positiva e tranquilizadora que não questionei o que disse. Senti confiança total nele.

Revelou também que não se tratava de uma mulher má e não possuía más intenções, mas que seria importante que eu ficasse distante e não me envolvesse.

Nesse momento, o sonho acabou. Surpreendentemente, tinha sido um sonho compreensível e pude me lembrar de tudo com clareza quando acordei. Porém, como sempre tende a acontecer com os sonhos, logo caiu no esquecimento e dissipou-se.

Alguns meses depois, recebi uma ligação de uma mulher desconhecida. Ela me contou sobre um projeto no qual estava engajada, um tipo de organização educacional que pensava que pudesse me interessar. Parecia ser culta e agradável e conhecia muito bem a nossa empresa. O que ela me disse pareceu bastante interessante e, então, sugeriu que almoçássemos juntos para que pudesse me contar mais; eu não me opunha. Marcamos um almoço no restaurante KB.

Não pensei mais no assunto até que chegou o dia e minha agenda revelou que havia uma reserva para o almoço no KB, um restaurante excelente que eu e meus colegas visitávamos com frequência. Enquanto muitos outros restaurantes no centro de Estocolmo alteravam seu interior mais ou menos a cada três anos, tentando estabelecer um novo "conceito", o interior do KB permanecia o mesmo havia muito tempo; ele era eterno. Quando meu pai visitou Estocolmo nos anos 1930, gostava de ir a esse restaurante que hoje, provavelmente, conserva a mesma aparência daquela época. Ele possui aquele tipo de atmosfera que não pode ser criada por remodelações modernas. Caminhei em direção ao restaurante com a costumeira expectativa prazerosa de um bom almoço, sem pensar sobre quem me acompanharia. Troquei algumas palavras com o amigável atendente do vestiário e me dirigi à sala de jantar.

Na entrada, fiquei parado exatamente naquele lugar, quase paralisado. Lá, naquela mesa com o sofá arredondado, à direita da entrada, sentava-se uma mulher que reconheci. Nunca tinha estado com ela na vida real, apenas em sonho. O sonho me atingiu e voltou à minha memória com bastante clareza. Era a mulher da TV! Não tinha a menor dúvida. Era ela, ali sentada. A princípio, não sabia o que fazer. Não seria possível voltar para a porta e sair.

Ela, então, me avistou. É óbvio que me conhecia, e acenou, discretamente, para indicar que era a pessoa que eu tinha ido encontrar. Caminhei até ela, apertei sua mão e tentei ocultar os sentimentos estranhos que devastavam minha mente.

Nossa conversa progrediu como eu esperava. Ela me contou sobre o projeto, com uma voz vigorosa e comprometida. Senti que tudo coincidia com o que o homem oriental do sonho havia dito. Em circunstâncias normais, eu teria me interessado, mas agora havia um enorme "Não!" dentro de mim. Não tinha de pensar duas vezes nem pesar os prós e os contras; a agonia da indecisão não estava presente – eu sabia exatamente como me posicionar. Gostaria de ter tido sonhos como aquele com mais frequência.

Por fim, descobri que ela é uma mulher muito competente, engajada e generosa, e tenho um grande respeito pelo que realizou ao longo do tempo.

E ainda me pergunto o que teria acontecido se eu não tivesse prestado atenção ao aviso daquele sonho.

capítulo

5

O Projeto Consciência Global

Contrariamente ao que todos pensam, pode não ser o cérebro a gerar a consciência, mas sim a consciência a fazer o cérebro criar a matéria, o espaço, o tempo e tudo mais que gostamos de interpretar como o universo físico.

Keith Floyd

Projeto Consciência Global (GCP – Global Consciousness Project) é o nome de um grande projeto de pesquisa conduzido pelo doutor Roger Nelson, na Universidade de Princeton. Em poucas palavras: é uma tentativa de descobrir a possível existência de um campo coletivo da consciência e, caso ele exista, a possibilidade de haver uma relação entre o que acontece naquele campo e o que ocorre no mundo físico. O estudo teve início em 1998 e ainda está em andamento, mas já existem resultados considerados estatisticamente interessantes e substanciais.

O estudo utiliza pequenos aparelhos conhecidos como Geradores de Eventos Aleatórios (GEAs). Trata-se de uma espécie de circuito computacional capaz de gerar uma interferência eletrônica por meio de sequências contínuas e aleatórias de cerca de mil zeros e uns por segundo. As várias unidades de GEA estão instaladas por todo o mundo, sem conexão entre elas. Em vez disso, cada unidade GEA é conectada, via internet, a um servidor em Princeton, onde a interferência é registrada em arquivos e armazenada para análise. Hoje, existe um grande número de unidades GEA instaladas nos Estados Unidos, Europa, Brasil, África do Sul, Rússia, Japão, China, Índia, Fiji, Nova Zelândia e Austrália.

A interferência eletrônica criada pela dança aleatória dos zeros e uns gera uma curva mais ou menos constante, conhecida como curva de Bell, que é semelhante em todas as unidades. A curva é repetida, no mesmo padrão, hora após hora, dia após dia.

Às vezes, no entanto, acontece algo incomum.

Quando ocorre um evento internacional importante, capaz de concentrar a atenção das pessoas em uma mesma coisa e apenas nela, parece ocorrer um tipo de coerência, e as curvas dos GEAs alteram-se de modo significativo.

Um exemplo triste, mas elucidativo, é o ataque ao World Trade Center em 11 de setembro de 2001. Todos os 37 GEAs ativos naquele dia apresentaram uma resposta exagerada. As curvas tiveram uma alteração acentuada e as amplitudes foram maiores do que qualquer outro registro anterior. Tais resultados foram cuidadosamente analisados com o intuito de eliminar qualquer possibilidade de erro estatístico ou analítico. Foi também eliminada a hipótese de que fossem devidos a influências eletromagnéticas provenientes do aumento do uso de telefones celulares. (Os resultados foram relatados em *Foundations of Physics letters* (Fundamentos da literatura da Física), vol. 5, n. 6, 2002.)

No decorrer dos anos, o projeto foi realizado, milhares de eventos relacionados a notícias importantes foram analisados e comparados a mudanças nas curvas de Bell. Os resultados são extraordinários. Eles revelam claramente que os pensamentos, sentimentos e intenções alteram a ação das unidades GEA, mas ainda não existe uma teoria abrangente que possa explicar como isso é possível.

Um trabalho intensivo está sendo realizado, incorporando teorias de muitos campos diferentes da Ciência, tais como: *a dinâmica não linear, a teoria das cordas, a redução de entropia, a teoria da informação, ressonância e coerência*, para citar apenas algumas.

Um dos cientistas envolvidos no projeto, Dean Radin, doutor em Psicologia e Eletrônica, sintetiza: "Esse experimento em andamento sugere que, à medida que a mente coletiva se movimenta, o mesmo acontece com a matéria."

Seria outra peça no quebra-cabeça da sincronicidade?

O motor de popa e a caixa registradora

Tenho um amigo e companheiro de jazz, um músico chamado Sören Holmström. Sören é um ótimo baterista e antigamente possuía uma empresa de computadores comerciais e caixas registradoras, a DKAB. Hoje, está mais envolvido com baquetas de bateria do que com as caixas registradoras.

Sören é também o dono relutante de um barco a motor. Ele gosta da praticidade e do prazer que seu barco lhe proporciona quando vai para sua residência de verão no arquipélago. Porém, não gosta de ficar mexendo no motor, que está sempre solicitando sua atenção para executar algum conserto.

Um dia, ele estava especialmente farto das velas de ignição sujas, dos parafusos emperrados e de ficar com os dedos sujos de óleo. Buscou, então, conseguir alguma ajuda profissional para o motor. Como ele não conhecia ninguém nessa área, decidiu consultar as páginas amarelas da Lista Telefônica. Dentre todas as companhias que trabalhavam com motores de barcos, escolheu uma cujo nome era Waxholms Utbordarservice, pelo fato de estar localizada em uma cidade próxima à praia e não muito distante da ilha onde ficava sua casa de veraneio.

Pegou o telefone e discou. Por alguma razão, ele se lembra de, ao mesmo tempo, ter olhado para o seu relógio e visto que eram 11h25.

Do outro lado, uma voz gravada respondeu, dizendo que estavam fechados para o almoço entre 11 horas e meio-dia. Sören colocou o telefone no gancho e não deixou nenhum recado. Seria muito complicado descrever o problema de instabilidade do motor para um gravador. "Ligo mais tarde", pensou ele, enquanto tomava uma xícara de café.

Quinze minutos depois, o telefone tocou. Era um homem desconhecido perguntando sobre caixas registradoras. "Haveria, talvez, uma de segunda mão à venda?" Sören perguntou sobre suas necessidades específicas e descreveu vários modelos e tamanhos. Eles discutiram o assunto por um tempo e Sören prometeu fazer uma análise e ligar mais tarde para fornecer maiores informações. Perguntou o nome e o telefone da pessoa que havia ligado.

Sua cabeça começou a girar quando escutou a resposta.

"Waxholm Utbordarservice."

Eles ainda cuidam do motor de Sören quando teima em não funcionar, e ainda usam a caixa registradora da DKAB.

As fotos de Fredrik

No final dos anos 1980, Fredrik Horn estava viajando pelo mundo e tinha acabado de chegar ao pequeno povoado de Tanga Loka, em Bornéo. Seu companheiro de viagem, Göran Hedelin, um fotógrafo, tirou muitas fotos da aldeia, que ainda não tinha sido afetada demais pelo turismo e pelo modo de vida ocidental. Ambos ficaram fascinados por terem encontrado um estilo de vida provavelmente inalterado por mil anos.

Como Fredrik era escritor, eles discutiram a possibilidade de compilar uma reportagem sobre a aldeia e seus habitantes. Porém, quanto mais pensavam no assunto, mais certeza tinham de que não o fariam. Eles não desejavam despertar a atenção do mundo para algo que ainda permanecia tão intocado e inexplorado pela civilização.

Suas boas intenções foram inúteis. O mundo ocidental é o que é, e apenas cinco anos depois, Bornéo tinha se transformado em um dos pontos turísticos da moda.

Percebendo isso, Fredrik decidiu escrever aquele artigo e fazer um apelo para que Tanga Loka fosse tratada com muito cuidado e consideração. Escreveu o artigo e o enviou, com várias fotos, para a revista de turismo *Vagabond.*

Nada aconteceu. A história não foi publicada. Após algumas semanas, Fredrik ligou e pediu suas fotos de volta, sabendo que tais coisas podem se perder facilmente em um escritório editorial. Ele pegou as fotos e as colocou de lado, em algum escaninho. Passaram-se alguns anos e, por fim, tudo caiu no esquecimento. Fredrik realizou novas viagens, estudou, perambulou por outros lugares e tentou alguns empregos diferentes, antes de se tornar redator publicitário e roteirista em Estocolmo.

Muitos anos depois, em novembro de 2000, o pai de Fredrik ligou para ele e disse que viria a Estocolmo na semana seguinte. Ele mudara para o sul da Suécia. Contou a Fredrik que havia encontrado uma caixa repleta de fotos que achava que pertenciam a ele, e que as traria para Estocolmo.

Fredrik não tinha a menor ideia sobre que fotos seriam aquelas; no entanto, disse: "Certo, traga a caixa e darei uma olhada nelas". Quando pegou a caixa, viu que lá estavam todas as fotos da viagem a Bornéo, ocorrida há muitos anos. Também fazia muito tempo que não as via ou que não pensava nelas, e não imaginava onde pudessem estar. "Que bom que tinham aparecido após todos esses anos", pensou ele, e as colocou fotos sobre uma mesa, pois assim não se esqueceria de levá-las para seu velho companheiro de viagem com quem se encontraria alguns dias depois. Passariam bons momentos juntos, revivendo as velhas recordações de Bornéo.

Três dias depois, o telefone tocou. Era o editor chefe da revista *Vagabond*.

"Você escreveu um artigo sobre Bornéo para nós muitos anos atrás. Gostaríamos de publicá-lo agora, mas não temos nenhuma foto. Você ainda teria, por acaso, as fotos que tirou naquela viagem ou sabe onde elas poderiam ser encontradas?"

Ele, de fato, sabia. Alguns dias antes, não saberia. Porém, agora, imediatamente antes que a revista ligasse e as solicitasse, tinham aparecido do nada e, depois de muitos anos fora de circulação, estavam depositadas em sua mesa.

Alguns meses mais tarde, recebi de Fredrik, que havia começado a prestar atenção a esse tipo de acontecimento, a seguinte história. Ele a enviou para mim por escrito; então, com sua permissão, vou reproduzi-la aqui. Na época, ele estava trabalhando como redator publicitário em uma agência de propaganda.

Uma garota havia ligado para Janet na recepção e pedido para levar uma amostra de seu trabalho para ser apreciada por algum redator publicitário. Karin (outra redatora publicitária da mesma agência) conversou comigo sobre quem deveria estar presente a esse encontro e a incumbência acabou sobrando para mim.

O nome da garota é Linda e chegou esta manhã. Começamos a conversar um pouco sobre várias coisas e, imediatamente, senti que nos entenderíamos bem e que ela era uma pessoa que se comunicava com facilidade. Uma hora depois, ainda estávamos sentados lá, conversando sobre tudo o que você possa imaginar.

Perguntei sobre sua formação e foi um tanto engraçado descobrir que tínhamos nos graduado na mesma escola secundária. Não fiquei surpreso, pois é uma grande escola, e, ao longo dos anos, já havia encontrado muitas pessoas que estudaram lá. Então, perguntei de onde ela era e sua resposta foi: Viggbyholm. Aquilo estava ficando interessante. Eu, que a princípio não estava demonstrando muito interesse, comentei, com entusiasmo: "Também sou de Viggbyholm".

Falamos ao mesmo tempo: "Värtavägen". "Sim, essa é a rua onde cresci, na casa número 6 da Rua Värtavägen", contou Linda. Meu queixo caiu. "Foi lá que eu cresci também", disse. "Na verdade, meus pais construíram aquela casa. Meu quarto era o que ficava bem em cima da garagem."

"Era o meu quarto também!", disse ela, quase gritando.

Ficamos lá sentados, olhando um para o outro, achando difícil acreditar em tudo aquilo. Era como se fôssemos irmãos. Linda é doze anos mais nova que eu. Havia me mudado quando seus pais compraram a casa dos meus pais treze anos atrás. Então, Linda e eu tínhamos crescido exatamente nos mesmos metros quadrados por, pelo menos, dez anos, ambos somos redatores publicitários e ela veio me trazer uma amostra do seu trabalho.

Dessa forma, meu velho quarto tinha produzido dois redatores publicitários. Deve ser o local de maior densidade demográfica de redatores publicitários da Suécia. Fico imaginando qual será a profissão da próxima pessoa que morar nele.

capítulo

6

Somente uma ideia

Existem apenas duas maneiras de viver:
acreditando que não existem milagres,
ou acreditando que tudo é um milagre.

Albert Einstein

O império soviético ruiu sob o peso de sua própria insensatez. Subitamente, o sistema conceitual, a forma de ver o mundo que se chamava Comunismo jazia lá, em meio às suas próprias ruínas fumegantes. Uma de suas mais óbvias e grotescas criações foi o Muro de Berlim.

Poucos dias após a queda do Muro, havia uma grande placa em uma casa situada no lado oriental da fronteira, próxima ao posto militar de passagem conhecido como Checkpoint Charlie. Havia um grande retrato do intelectual e revolucionário Karl Marx e, abaixo dele, alguém tinha escrito: "Desculpe, gente, foi só uma ideia".

Todo esse espetáculo histórico que havia custado tantos milhares de vidas e mantido nações inteiras sob uma opressão desumana, não era, na verdade, nada mais do que uma ideia. Apenas uma ideia.

Ideias governam o mundo. Ideias sobre o bem e o mal, o certo e o errado, o permitido e o proibido. Ideias a respeito da vida, sobre como as pessoas devem se comportar e sobre como o universo é estabelecido. Ideias sobre qual religião detém a verdade absoluta, sobre qual dos dogmas políticos é o único efetivo e sobre como o sistema econômico deve ser organizado. Tudo isso é, basicamente, constituído apenas por ideias.

As pessoas sempre tiveram pensamentos e crenças sobre a realidade. Talvez precisemos disso para existir. Porém, ao mesmo tempo, eles nos controlam desde a manhã até a noite. Eles possuem um misterioso poder sobre nossas mentes. Às vezes, são mais fortes do que a própria vida.

Os terroristas da Al-Qaeda sacrificaram as próprias vidas e milhões de vidas de outras pessoas quando investiram contra o World Trade Center. Por quê? Somente uma ideia?

Um pai curdo atirou em sua própria filha, causando sua morte, porque ela queria se casar com um rapaz sueco. Ela "desonrou" a família. A vida da garota foi tirada porque uma determinada ideia ocupou a mente de seu pai. Não havia um fato objetivo, não existiam estudos científicos evidenciando que a família estava desonrada. Foi apenas uma ideia.

As pessoas da Irlanda do Norte, que se autodenominavam protestantes, lutaram contra outras pessoas iguais a elas que se autodenominavam católicas. Por muitos anos, elas se odiaram, atiraram umas nas outras, se amaldiçoaram e se feriram. Por quê? Apenas ideias.

Algumas ideias podem parecer bastante naturais e, por si só, evidentes. Por exemplo, eu não chegaria ao ponto de matar outro ser humano. A ideia proveniente dos Dez Mandamentos – "Não matarás" – está impregnada na maioria de nós. Entretanto, um filósofo poderia me desafiar e questionar se eu realmente sustento essa ideia. Filósofos, com frequência, são capazes de desestruturar nossas ideias mais estimadas. Eu poderia, por exemplo, ser questionado sobre o que faria se um assassino encostasse uma arma na cabeça do meu filho e eu tivesse uma arma apontada para ele. A única chance de salvar a vida do meu filho seria atirar nele primeiro. Eu não hesitaria nem por um segundo. A ideia de que a vida do meu filho é mais importante do que a vida de um assassino, sem dúvida alguma, suplantaria a ideia de "Não matarás". Sendo assim, podemos acolher ideias bastante contraditórias, e a ideia dominante do momento dependerá da situação na qual estivermos inseridos.

Uma pessoa reflexiva pode aceitar essa verdade. Mas não um fundamentalista. Ele é consumido por uma única ideia e não consegue enxergar a possibilidade de existência de outra forma de pensamento. É uma posição confortável, e, para alguns, bastante atraente. Você não precisa despender o esforço de pensar por si mesmo. Você alcança uma identidade distinta em lugar da autoimagem fragilizada que é possível que possuísse antes. Começa a sentir que é parte de algo importante, um sentimento que não deve ter experimentado antes. Você abandona os questionamentos e se entrega à "causa". É isso o que torna o fundamentalismo tão perigoso onde quer que apareça, qualquer que seja sua forma de manifestação.

Sustentamos muitas crenças sem, ao menos, estarmos conscientes delas, ao mesmo tempo em que outras podem ser fruto de escolhas conscientes. Por exemplo, uma ideia estabelece que, quando morremos, tudo se acaba e não existe a continuidade da consciência, nenhum tipo de vida após a morte, apenas a escuridão da ausência. Outra ideia, oposta, é a de que, quando morremos, nossa consciência apenas deixa o corpo físico, como se estivesse saindo de um táxi, e o cerne de nossa existência continua em outra dimensão.

Consigo perceber que as duas ideias são possíveis e que não existem fatos incontestáveis que provem nenhuma delas. Entretanto, nos últimos anos, houve um aumento significativo daquilo que conhecemos como "pesquisa da sobrevivência", e as evidências circunstanciais parecem apoiar cada vez mais a crença da continuidade de alguma forma de vida após a nossa morte física. Essa é, então, a posição escolhida por mim.

Não importa o quanto eu pense sobre a morte, não consigo chegar a nenhuma outra conclusão a não ser que se trata de uma transformação de um estado para outro. É apenas uma ideia mas, com certeza, definitivamente mais agradável quando comparada à sua alternativa.

Em relação à sincronicidade, fiz a mesma escolha. Você pode decidir que qualquer evento, qualquer coincidência, não importa quão estranha possa parecer, pode ser explicada pela Estatística, pela Matemática e pela lei de causa e efeito. Não há nenhum milagre envolvido. Ou você pode considerar as sincronicidades o resultado de algum tipo de ação recíproca entre o mundo material e o imaterial, entre o espírito e a matéria, o Campo e nossas vidas individuais. Uma ideia bastante miraculosa.

Também é apenas uma ideia. Porém, é a escolhida por mim.

O acelerador

Estava na estrada, em meu Pontiac Transport, a caminho de uma pequena cidade no sul da Suécia. Meu amigo Stig Löfstrand, pianista e professor de psicossíntese, e eu iríamos apresentar um pequeno concerto de jazz em uma conferência que ele iria ministrar. O Pontiac era perfeito para o transporte do contrabaixo, do amplificador e dos demais equipamentos necessários. Eu estava com pressa. Como sempre, não tinha começado a me preparar com a antecedência necessária para a viagem e me sentia ansioso, pois não queria chegar atrasado ao concerto,

Quando tudo aconteceu, estava correndo tanto quanto minha ousadia permitia naquela autoestrada. De repente, o acelerador ficou totalmente frouxo. A rotação do motor caiu para a marcha lenta, e a velocidade para cerca de 5 quilômetros por hora. Pisei no pedal, mas ele estava solto e encostou no chão sem que o motor esboçasse a menor reação. Nunca tinha vivenciado algo semelhante e me perguntava o que teria acontecido de errado. No que diz respeito à mecânica de automóveis, sou quase um deficiente mental. Que diabos eu deveria fazer? Não poderia me arrastar dessa maneira em uma rodovia movimentada. Dirigi o mais próximo possível da beira da estrada, tentando sair do caminho dos demais veículos e, lentamente, fui avançando, recebendo olhares estranhos dos motoristas que passavam zunindo, em alta velocidade. Que droga! Não havia tempo para resolver isso. Por que tinha de acontecer bem agora? Iria perder o concerto.

Então, sem que eu esperasse, aquele outro sentimento, aquela outra consciência apareceu. Lado a lado com minha porção estressada e preocupada, havia um pensamento: "Fique calmo, não se preocupe. Tudo vai se resolver. Tudo vai ficar bem". Eu não podia compreender, em meio à minha aflição, como esse problema poderia ser solucionado; no entanto, senti uma espécie de confiança no universo, quase uma curiosidade. O que aconteceria a seguir?

Naquele momento, avistei uma pequena saída à direita e percebi que deveria seguir por ela para deixar a rodovia principal e avaliar minha situação. O carro foi se arrastando da rodovia para o desvio, que apresentava uma curva pronunciada à direita. A curva desembocava em uma estrada menor que conduzia a um túnel abaixo da rodovia. "Preciso parar em algum lugar no outro lado daquele túnel", pensei. Deve haver uma solução.

Assim que saí do outro lado, tive uma surpresa. Um posto de gasolina! Que sorte! Então, essa era a resposta. Devagar, quase parando, fui rodando até o posto, feliz e aliviado porque a solução estava tão próxima.

Tão próxima e ao mesmo tempo tão distante! Descobri que a única funcionária do posto era a moça do caixa e tudo o que sabia era cobrar pela gasolina; sem sombra de dúvida, não saberia consertar um acelerador quebrado.

"Não, não há nenhum mecânico por aqui hoje", disse ela.

Que estranho! Havia sentido que o problema estava prestes a ser resolvido, mas era uma impressão equivocada. Que decepção! Pensei em Stig, na plateia do concerto e na vergonha de não estar lá na hora certa. O pânico começou a se apoderar de mim outra vez. O que fazer agora?

Naquele momento, uma voz áspera partiu de um homem que estava logo atrás de mim na fila do caixa: "Você precisa de um mecânico?"

Virei para trás e me deparei com um homem meio gorducho, vestindo um uniforme de taxista.

"Sim," afirmei. "O acelerador me deixou na mão e não tenho a menor ideia de como consertá-lo."

"Não tem problema. Meu amigo tem uma oficina a apenas cinco minutos daqui. Vou chamá-lo pelo celular. Sou motorista de táxi e meu carro está ali fora".

Ele foi para o carro e pegou o celular. Poucos minutos depois, um guincho chegou ao posto de gasolina. Era o seu amigo, que por acaso estava pela redondeza. Ele deu uma olhada no meu acelerador, foi buscar algumas ferramentas e, três minutos depois, o pedal estava consertado. Ele não disse nada, mas pude perceber o que deve ter pensado sobre minhas habilidades mecânicas.

Fiquei imensamente grato, tanto ao motorista de táxi quanto ao mecânico, e também ao universo que, uma vez mais, tinha vindo em meu auxílio. Perguntei ao mecânico quanto devia a ele pelo serviço. Ele hesitou – não estava bem certo, já que se tratava de um conserto tão simples. Simples para ele, porque para mim tinha representado um milagre. Então, dei a ele mais ou menos 50 reais que, a princípio, relutou em aceitar. Porém, insisti. Agradeci também ao motorista de táxi e senti um grande alívio quando voltei para a rodovia, a toda velocidade, rumo ao concerto.

Haviam se passado dez ou doze minutos desde que meu carro tinha se tornado inútil.

Cheguei na hora certa para o concerto.

A confirmação

Às 11h30, quase hora do almoço, pensei em como seria bom se pudesse almoçar com Catherine, minha esposa, que estava em casa com nosso filho de 2 anos, Oliver. Raramente tínhamos a oportunidade de almoçar juntos em um dia de semana normal, mas como hoje não tinha nenhum compromisso para o almoço, pensei: "Por que não?".

Liguei para casa. Não havia ninguém lá. Deixei um recado na secretária eletrônica e disse que poderíamos almoçar em outro dia.

Quinze minutos depois, Catherine ligou para mim do celular.

"Oi, onde você está?", perguntei.

"Estou com o Oliver no carro indo para o centro da cidade."

"Onde você está indo, o que aconteceu?"

"Estamos indo almoçar com você."

"Ah, que bom, então você pegou meu recado."

"Não, que recado?"

Ela não havia recebido o recado, mas tivera a mesma ideia e decidiu ir para a cidade.

Nosso encontro aconteceu no *Plates,* um restaurante especializado em saladas, situado na loja de departamentos NK.

Durante nossa conversa, tocamos em um assunto profundo – a questão do que era, de fato, importante na vida. Quais seriam meus desejos, além dos óbvios, como saúde e o bem-estar da família? Quais seriam as coisas materiais mais importantes para mim e de quais eu poderia prescindir? Conversamos sobre carros, barcos e coisas do gênero, mas nada parecia necessário de verdade. Se pudesse escolher apenas duas coisas, quais seriam? Pensei seriamente no que considerava mais importante para mim.

Duas partes da minha vida emergiram como as mais importantes. Uma delas era minha biblioteca, meus livros. Gosto da sensação de proximidade com os livros e não creio que isso seja devido, apenas, ao fato de meu pai e meu avô terem sido vendedores de livros. Gosto da sensação de saber que lá, nas prateleiras, está armazenado um imenso cabedal de conhecimento humano, sabedoria e criatividade, e que posso acessá-lo a qualquer momento. Essa seria uma das coisas das quais não gostaria de me privar. Minha biblioteca seria, definitivamente, uma de minhas escolhas.

Outra necessidade, que foi tomando maiores proporções ao longo dos anos, é a de me ocupar com pequenos trabalhos no jardim. A proximidade do solo, todas as suas expressões de vida, estar em comunhão com a natureza têm me atraído cada vez mais. Existe um tipo especial de verdade na natureza que não existe em um escritório. Uma pedra grande, uma árvore, um punhado de terra são infinitamente mais reais do que a maioria das coisas com as quais você lida em um escritório, em especial no mundo da mídia. Essa atividade tinha passado a representar para mim uma forma de manter os pés no chão. O jardim era minha válvula de escape, não *da* realidade, mas *para* a realidade.

Não foi sempre assim. Cresci acreditando que velejar fazia a vida ter sentido. Meu pai sempre citou o provérbio latino

"Navigare necesse est" (Navegar é preciso) e fez o máximo possível para cumpri-lo. Ele também costumava dizer que existem apenas duas profissões honradas no mundo: os fazendeiros e os marinheiros. Não restavam dúvidas em qual das duas se incluía. Sentia-se muito mais à vontade e satisfeito na cabine do seu veleiro do que atrás do balcão de sua livraria.

Aquele condicionamento preliminar havia feito com que eu, como um homem adulto e casado, me mudasse para Österskär, uma comunidade de pessoas ligadas ao mundo da navegação, ao norte de Estocolmo. Todos que viviam em Österskär eram pessoas que gostavam de barcos. Viviam lá pela simples proximidade com o mar – já estavam a meio caminho do arquipélago. Ao longo do tempo, meus barcos aumentaram de tamanho e, de um barco não muito maior que um bote, cheguei a ter um iate a vela relativamente grande. Não é preciso dizer que em Österskär, tão logo sua situação financeira permitisse, você trocaria seu barco por um maior.

Naquela época, quando nos mudamos para nossa casa nova, pude perceber a diferença entre uma árvore e um gramado, mas minha proficiência relativa à horticultura não se estendia muito além disso. No entanto, aos poucos, comecei a sentir certa atração pelo verde lá fora. Por fim, acabei plantando até mesmo alguns arbustos e criei uma pequena horta.

O jardim e o barco começaram a competir cada vez mais por meu tempo e minha atenção, em especial na primavera, quando havia muitas coisas a fazer no jardim e também muito trabalho na preparação do barco. Meu lado fazendeiro havia começado a crescer e estava passando a dominar o marinheiro.

Um dia, de repente, essa disputa terminou. Estávamos na metade do mês de julho.

Havíamos ancorado em uma ilha primitiva onde passaríamos a noite. A chuva e o vento eram intensos. Acordei por volta das 3 horas da manhã e percebi que o barco estava batendo contra as rochas. A âncora havia sido arrastada pela pressão do vento. Não é nada divertido ter de rastejar para fora do barco às 3 horas da manhã, no escuro, com um tempo horroroso, para consertar o equipamento de ancoragem. Não tem nada a ver com os sonhos que você tem, em fevereiro e março, sobre viagens de férias maravilhosas em um veleiro, com um tempo fabuloso.

Ainda estava chovendo e ventando quando saímos pela manhã. O ponteiro da temperatura indicava a desencorajadora marca de 9 graus Celsius, que ficou ainda mais baixa com o vento e a umidade. Usando minha roupa à prova d'água, fiquei sentado junto ao leme, trêmulo e sozinho. O ambiente no barco não estava dos melhores. Minha esposa e os meninos estavam sentados na cabine, mal-humorados: Patrik e Peter sentiam-se aborrecidos porque não tinham encontrado nenhum amigo para brincar naquela pequena ilha e minha esposa porque eu não havia reduzido as velas o suficiente e o barco estava inclinando demais.

A chuva fustigava minha face. A navegação estava difícil porque a carta náutica oscilava com o vento e a neblina causada pela chuva dificultava a visão dos contornos das ilhas vizinhas. Estava fazendo um grande esforço para nos defender das irregulares rajadas de vento que, de vez em quando, empurravam o barco para baixo, fazendo com que sua borda ficasse no nível da água. Eu preferiria estar remexendo a terra no jardim.

Então, subitamente, tomei consciência de um diálogo interno bastante intenso. Era como se estivesse acontecendo de forma independente dos meus pensamentos de irritação e eu me limitasse a ser o ouvinte de uma breve conversa entre duas vozes internas.

Uma delas disse: "Será que a felicidade é isso?"

A outra respondeu enfática e de imediato: "NÃO!"

Naquele momento, minha identidade se alterou e, de marinheiro, passei a ser o fazendeiro. Dei meia volta com o barco, mudei o curso e peguei o rumo de casa. Como consequência, o vento estava mais favorável e, dessa forma, o barco endireitou-se e ficou muito mais fácil velejar. A família toda olhou para fora e ficou imaginando o que teria acontecido. Todos concordaram que tinha sido uma decisão sábia.

Chegando em casa, esbocei um anúncio de venda de um barco a vela que, depois de uma semana, tinha sido vendido. Nem preciso dizer que em Österskär, se você vende um barco, é porque está comprando um maior. Os vizinhos e os amigos estavam interessados e perguntaram: "O que você vai comprar agora?"

"Não vou mais comprar nenhum barco."

"Ah, deixa disso, qual vai ser desta vez? Um Omega 42? Um Scanmar 35?"

"Não vou mais comprar nada. Cansei de velejar."

"Ah, não seja bobo. Conte para mim, o que você está procurando?"

Em Österskär, não possuir um barco era um pensamento insustentável, impossível, inconcebível. Um barco no porto era tão natural quanto uma televisão na sala. Alguns devem ter pensado que eu estava passando por problemas financeiros, e outros, que tivesse enlouquecido. Algumas vezes cheguei a me perguntar se teria feito a coisa certa, mas todas as dúvidas se dissiparam em uma manhã de domingo, na primavera seguinte.

Eu me divertia, relaxado, mexendo para cá e para lá no que viria a ser uma nova horta. Meu vizinho mais próximo, um gerente de banco, mostrava-se ocupado pintando a parte inferior de seu barco no cais. Porém, como estava muito frio, a tinta engrossava e ele, então, tinha de voltar para casa de meia em meia hora para aquecê-la. Enquanto a tinta estava sendo aquecida, ele subia e descia uma escada que ia até o telhado, para trocar algumas telhas quebradas. Eu o via correndo com a tinta para dentro da casa, depois saindo da casa, subindo a escada, descendo a escada, entrando na casa, saindo de novo, saindo com o carro, e assim continuou durante toda a manhã. Em uma das vezes, quando voltava correndo, tenso e com o rosto vermelho, ele me viu ali parado, tranquilo, do outro lado da cerca. Ele corria, e com os olhos vermelhos e os cabelos eriçados, sem parar, gritou: "Caramba, você é tão trabalhador!"

Depois disso, percebi que havia tomado a decisão correta. Ser um fazendeiro era exatamente o que me convinha – um sentimento que se tornaria cada vez mais forte dentro de mim. Assim, vinte anos depois, durante aquele almoço no *Plates,* não restava dúvida de que um jardim seria a segunda coisa sem a qual não gostaria de viver. Senti que as duas escolhas, uma biblioteca e um jardim, eram o que eu desejava, mais do que todas as outras coisas materiais. Eu poderia abrir mão de muitas outras coisas.

Assim que cheguei em casa, naquela noite, peguei a correspondência do dia que estava em cima da mesa da cozinha. Entre as cartas, havia uma mala-direta de um clube do livro. Segurei-a nas mãos, pensando em jogá-la no cesto de lixo, mas um impulso fez com que a abrisse. Quando retirei a parte interna e olhei seu conteúdo, meu olhar, de imediato, foi atraído para as linhas da parte inferior da página, como se elas tivessem deixado a página e flutuado na direção dos meus olhos. Era uma citação de Cícero: "Aquele que possui uma biblioteca e um jardim não precisa de mais nada."

Não pude deixar de acenar para o teto e agradecer a quem quer que tivesse me oferecido essa confirmação tão adorável.

capítulo

7

Causa e efeito

O mundo não nos parece ser um jogo cego de átomos,
mas sim uma grande organização.

Marilyn Ferguson

Parece óbvio que tudo tenha uma causa. Se seu carro está amassado, existe uma causa evidente para isso. Você pode ter sido atingido por outro carro ou pode ter, por si só, batido em algo. Sentímo-nos confortáveis com a concepção da realidade como uma grande máquina de rodas dentadas, na qual um dente da engrenagem influencia o outro dente que, por sua vez, influencia a haste, que influencia a roda, e assim por diante. Qualquer que seja o fato ocorrido, podemos encontrar a razão que o justifique. É o chamado princípio da *causalidade*, a lei de causa e efeito.

Dessa forma, um evento sincronístico pode ser explicado por suas causas. O fato de que aquela citação específica de Cícero estivesse naquela carta específica que chegou a mim naquele dia específico, tinha razões muito simples. A campanha do clube do livro foi planejada naquele período de tempo, nosso endereço estava na sua lista de correspondência, e a pessoa que criou as cartas acabou encontrando aquela citação e achou que seria apropriada para a campanha. Fatos puramente *causais*. Nada de estranho nisso.

Termos conversado sobre o mesmo assunto, no mesmo dia, foi "pura coincidência".

Para mim, no entanto, foi mais do que isso. A visão limitada e causal da sincronicidade está restrita ao tempo, ao espaço e à matéria. Minha suspeita é de que os eventos sincronísticos devam ser gerados de uma maneira distinta. A lei de causa e efeito funciona bem quando está relacionada a algo limitado, como uma máquina ou um sistema mecânico. A vida, porém, é muito mais do que um sistema mecânico.

Não penso que a sincronicidade possa ser explicada apenas pela lei de causa e efeito. Nem mesmo estou certo de que ela seja suficiente para explicar qualquer tipo de evento.

Todo evento possui não apenas uma, mas muitas causas, que por sua vez possuem várias outras causas, e a coisa toda se perde em uma ilimitada rede de causas e efeitos. As conexões causais assumem tal complexidade que a tentativa de esclarecê-las torna-se inútil.

Meu irmão Torbjörn era um piloto que vivia no sul da Suécia. Minha filha Jana, que estava com 13 anos na época, tinha ido visitar o tio Torbjörn e sua esposa Deisa durante as férias escolares. Na viagem de volta para Estocolmo, foi convidada para sentar com ele na cabine. Ela estava um pouco nervosa e disse: "Tio Torbjörn, não vamos sofrer um acidente agora, né?"

"Minha querida Jana", disse Torbjörn tentando acalmá-la, "piloto aviões há trinta anos e nunca sofri um acidente. O risco de que isso aconteça é muito menor do que o risco que você venha a sofrer um acidente de carro quando estiver voltando do aeroporto para casa."

Foi o que aconteceu! Eles não caíram, mas batemos o carro quando voltávamos para casa. Fui pegar a Jana no aeroporto e, de repente, as ruas estavam cobertas de gelo e traiçoeiramente escorregadias. Estávamos em uma reta na rodovia quando o carro à nossa frente, um Suzuki, começou a ir de um lado para o outro e a girar, perdendo o controle. Ele foi dando voltas até o outro lado da rodovia, continuou girando, veio de novo para o nosso lado e, por fim, parou no sentido contrário, com a roda traseira do lado esquerdo um pouco para fora da estrada e de frente para nós.

Tentei frear com cuidado, sem perder o controle. Era impossível parar, pois meus pneus não eram apropriados para pistas escorregadias, e eu não podia ultrapassar o desafortunado carro porque havia muito trânsito se aproximando. O motorista do Suzuki deve ter recebido a ajuda de seu anjo da guarda para não ter se chocado contra um carro que se aproximava, quando foi parar, girando, no lado oposto. O trânsito nessa rodovia era quase sempre muito denso.

Não pude parar o carro, mas tive de virar o máximo possível para o acostamento para evitar uma colisão frontal. Quando tudo acabou, a extremidade esquerda do meu parachoque dianteiro havia amassado um pouco a porta dianteira esquerda do Suzuki.

Saí do carro e percebi que uma moça estava atrás do volante. Permanecia sentada, imóvel, as mãos sobre o rosto. Não dava para falar com ela. A porta estava emperrada e não poderia ser aberta. Fui para o outro lado e abri a porta da direita para verificar se ela estava ferida, mas percebi que estava, apenas, em estado de choque. Por fim, ela se acalmou e pudemos começar a enfadonha troca de informações sobre o seguro.

Como poderia esse evento ser explicado pela lei de causa e efeito? Uma das causas foi o gelo escorregadio que havia se formado na rodovia. A causa do gelo foi uma queda repentina de temperatura. A causa da queda de temperatura foi uma frente fria que havia acabado de passar. A causa da frente fria foi um sistema de baixa pressão que havia se formado ao norte das ilhas Faroé. A causa do sistema de baixa pressão foi uma mudança da corrente do Jato* sobre o Atlântico. A causa da mudança da corrente do Jato foi uma oscilação da corrente de Humboldt, distante da Califórnia. A causa disso foi... e assim por diante, eternamente.

Porém, esses complicados antecedentes da estrada escorregadia foram apenas uma pequena parte da rede de causas que estavam por trás de nossa colisão. Existiam, também, muitas outras causas. Cada uma delas era, por si só, apenas uma pequena parte de sua própria rede de conexões causais.

Por exemplo, o fato de estarmos naquele exato local quando o Suzuki começou a girar. Uma das razões foi também o momento preciso em que Torbjörn havia pousado. Isso, por sua vez, foi gerado por outras conexões de causa e efeito: o sistema de bagagens no local de partida, o número de passageiros que seriam atendidos, o abastecimento, o horário de partida do avião, as condições do vento, o serviço de atendimento em solo, o controle de tráfego aéreo e muitos outros fatores, cada qual, por sua vez, influenciado por sua própria e infinita rede de conexões de causas e efeitos.

Levou um determinado tempo para que Torbjörn e Jana chegassem ao terminal. Fui ao banheiro, atrasando em alguns minutos nossa volta para casa. A provável causa desse efeito foi a grande xícara de café que eu havia tomado antes de sair de casa. Os semáforos estavam programados daquela maneira por razões desconhecidas. O trânsito, àquela hora específica, tinha uma determinada densidade; nossa velocidade sofreu influência de centenas de outros carros que estavam em nosso caminho por milhares de razões diferentes. Apenas o fato de estar dirigindo

---

* A corrente do Jato, em inglês *Jetstream*, é uma corrente de ar muito veloz que ocorre na alta troposfera. Essa corrente é de grande importância para a aviação, podendo ser utilizada para economizar combustível das aeronaves, que aproveitam o impulso que proporciona. (N.T.)

pela cidade já implica ser influenciado por uma rede virtual de conexões causais incalculável.

Uma causa adicional da colisão foi o fato de a moça que dirigia o Suzuki estar passando naquele exato lugar, naquele exato momento. Que complicadas conexões de causas e efeitos estariam por trás daquele fato? Você pode continuar fazendo perguntas; isso nunca tem fim.

Suponho que nossa pequena batida não tenha sido um evento sincronístico em particular.. De qualquer forma, é difícil encontrar qualquer significado específico para ela, quer dizer, a menos que eu escolha interpretá-la como um aviso para dirigir com mais cuidado. Seja como for, se é impossível que esse evento trivial seja analisado com a ajuda do simples raciocínio de causa e efeito, quão impossível será nossa compreensão sobre um evento verdadeiramente sincronístico e significativo? Pelo menos enquanto estivermos confinados dentro dos limites da visão de mundo mecanicista.

Cada evento pode ser comparado ao ponto central em uma gigantesca teia de aranha cujos fios se bifurcam e espalham em todas as direções. Cada fio contribui para aquele determinado evento, mas é, ao mesmo tempo, o resultado de um número infinito de outros eventos. A rede torna-se semelhante a um campo, onde tudo permanece interligado. Como será, então, possível, em meio a essa confusão, encontrar uma simples conexão causal? Não importa o quanto você tente, poderá compreender apenas uma pequena parcela da realidade total. A maior parte dela permanece desconhecida.

Quem poderá dizer o que acontece ou não nesse domínio tão vasto e desconhecido? Talvez existam poderes que influenciem os eventos, não de forma mecanicista, maquinal, mas de um modo que esteja relacionado à energia, à informação, aos sentimentos e às intenções.

Dizem que existe um ritual antigo entre os aborígines – a população indígena da Austrália – segundo o qual é possível conseguir a ajuda de um xamã para livrar-se de alguém indesejável. As pessoas reúnem-se em torno do xamã que segura um osso, provavelmente humano, dança em círculos, canta, entra em transe e profere invocações mágicas. De repente, ele para e aponta o osso na direção da pessoa indesejável.

Esse homem começa a adoecer. Passa a ter dificuldades respiratórias, convulsões, seu corpo desidrata e, após três dias, quase sempre acaba falecendo. Ouvi dizer que o governo da Austrália aprovou até mesmo uma lei que proíbe os aborígenes de apontar para alguém com um osso. Tal ato é considerado similar a empunhar uma arma letal.

Quais seriam a causa e o efeito em uma situação como essa? Dificilmente se pode explicá-la em um nível mecanicista, material. O xamã nem mesmo toca na pessoa indesejável. O que acontece se processa em um nível bastante diferente.

A estrada para Bäckastrand

Após muitos anos residindo em Lidingo, começamos a considerar essa ilha, que fica no subúrbio de Estocolmo, como nossa cidade natal. Havíamos tentado diferentes tipos de acomodações – apartamento, casas de campo – mas nunca encontramos nossa casa definitiva, nunca conseguimos ter aquela sensação de "é esse", é esse o lugar em que desejo permanecer e ao qual desejo pertencer. Naquela época, vivíamos em uma casa agradável junto ao lago Kotta. Não tínhamos razões palpáveis para reclamar; no entanto, permanecia a sensação de que seria uma residência temporária, de que não era o local onde criaríamos nossas raízes.

Algumas vezes, chegamos a sonhar com a possibilidade de achar um bom terreno e construir nossa própria casa, mas nunca conseguimos iniciar essa busca e muito menos sair dirigindo por aí à procura de terrenos à venda. A ideia permanecia lá, em algum lugar, como uma sensação vaga de que, algum dia, algo iria acontecer.

Meu interesse pela jardinagem não poderia florescer naquela casa. O terreno era bem pequeno, com um modesto gramado onde não batia sol, de frente para o nordeste. Não me proporcionava muita inspiração; simplesmente, não havia o que fazer lá. Isso foi algo intencional e havia sido uma das razões pelas quais tínhamos mudado para esse local. Naquela época, possuíamos uma casa de veraneio no arquipélago, situada em um grande terreno; dois jardins a exigir cuidados seriam demais para nós, até mesmo para minhas atividades de jardinagem, um tanto irregulares, mas às vezes intensas. Dessa forma, essa casa, que possuía um pequeno gramado, era ideal para nós.

Agora, porém, a situação havia mudado. Tínhamos vendido nossa residência de verão; então, tudo o que eu possuía era aquele pequeno pedaço de gramado na sombra e minhas atividades de jardinagem estavam em baixa. Mas somente até certo dia de abril.

O clima estava agradável e uma saudade irresistível da terra apoderou-se de mim, de forma repentina e inesperada. Senti um desejo profundo de fazer algo e, sem nenhum planejamento sobre o que seria ao certo, calcei minhas botas e saí procurando alguma coisa, qualquer coisa. "Sempre há o que fazer em um jardim, não importa quão pequeno ele seja", disse a mim mesmo.

Quando estava no pequeno gramado sombrio, percebi que olhava fixamente para o muro do vizinho. O que poderia fazer ali? Fiquei lá parado por um bom tempo, incapaz de encontrar algo importante para fazer.

De repente, fui atingido por outro sentimento, muito mais intenso. Inesperado, quase como um raio de luz ou uma espécie de energia, foi penetrando em minha mente e abalando minha consciência. Um pensamento me consumiu: "É agora! Chegou a hora. Temos que começar a procurar algo novo!".

Esbanjando entusiasmo, corri para dentro de casa e, tirando minhas botas, gritei para Catherine, que estava no piso superior: "Catherine, temos que começar a procurar agora! Se não fizermos alguma coisa, nada vai acontecer! Venha, vamos dar uma olhada no jornal!". Mais do que depressa, abri o jornal *Svenska Dagbladet*, folheando suas páginas para procurar os classificados de imóveis. Chamei novamente: "Vamos, Catherine!" A ansiedade, incomum em minha voz, despertou sua curiosidade sobre o que teria acontecido comigo. Ela desceu correndo as escadas para verificar se havia algo errado e olhou para mim, com um olhar inquisitivo.

"Precisamos começar a procurar", disse a ela. "Olhar os terrenos à venda e checar as opções disponíveis."

Catherine parecia um tanto surpresa pelo meu súbito entusiasmo. Aproximou-se, então, e sem muita empolgação, sobre meu ombro, olhou para o jornal. "Veja", disse ela, e apontou um anúncio bem pequeno, de apenas duas linhas, que eu não tinha nem notado: "LITORAL, LIDINGO", e um número de telefone.

"Muito bem", pensei. "Concordo que temos grandes anseios, mas meus sonhos nunca chegaram a contemplar um local na região litorânea". "Deve ser algum penhasco escuro e íngreme de frente para o norte e estão tentando fazer com que pareça atraente, chamando-o de litoral", comentei.

Procuramos por mais anúncios, sem encontrarmos nada interessante, mas meus olhos continuavam retornando àquele primeiro anúncio pequeno. De certa forma, ele havia conquistado algum realce na página. Por fim, resolvemos checá-lo. Pensei que poderíamos aproveitar a oportunidade para fazer uma pequena viagem de sábado com as crianças e, ao mesmo tempo, experimentar nosso carro novo, um *Volvo 850* branco que havia sido entregue há alguns dias.

Quando estávamos viajando, Oliver, de 7 anos, perguntou: "Essa é a viagem de inauguração do carro novo?".

"Sim, é isso mesmo", falei, encantado e orgulhoso de sua inteligência.

"Espero que não aconteça com a gente o que aconteceu com o Vasa", disse Oliver.

Vasa foi o magnífico navio de guerra sueco, a mais poderosa embarcação de guerra do Mar Báltico. Em 1628, recém-construído, ele deixou o cais, em sua viagem de inauguração, para impressionar o mundo com seu poder. Depois de apenas alguns minutos, começou a virar, a água foi entrando depressa por todas as portinholas abertas e afundou, de forma dramática, no meio do porto de Estocolmo. Foi resgatado em 1961 e, hoje, é a principal atração do Museu do Vasa em Estocolmo.

Achei engraçada a associação que Oliver fez e decidi dirigir de forma ainda mais cautelosa. Não tinha ideia de que essa pequena viagem mudaria nossas vidas.

Finalmente, achamos o caminho para a casa do vendedor atravessando uma área arborizada ao lado de uma pequena estrada de terra. Tratava-se de um bonito local, em uma enseada. Não ficava de frente para o norte como eu havia imaginado, mas sim para o sudoeste – a localização ideal para uma casa à beira-mar. O terreno que estava à venda era uma grande área separada de sua propriedade. O vendedor, um simpático homem de meia idade, vivia ali desde a infância, quando seu pai e seu tio administravam os dois estaleiros localizados na baía.

Não havia corretor envolvido na negociação. O novo terreno era o que poderíamos chamar de uma típica propriedade à beira-mar que, de acordo com o velho mapa, estendia-se até a metade da baía. Uma pequena cabana vermelha e alguns galpões intensificavam a impressão de um local bucólico.

Era como se estivesse caminhando por um lugar sagrado, apreciando a quietude, a vista, a natureza. Sentia uma emoção estranha, intensificada pelo divertimento das crianças. "Papai, quero morar aqui!", diziam. "Compre este lugar!". Eu estava, de alguma forma, contendo meu entusiasmo devido ao preço elevado e à presença de outros possíveis compradores que também estavam andando por lá. Tinha, também, a leve sensação de que era bom demais para ser verdade e de que não merecia algo tão incrível.

Fico tentando imaginar quantas vezes perdemos oportunidades na vida movidos por sensações como essa. Na maior parte das vezes, elas não são totalmente conscientes, mas exercem uma grande influência nas escolhas que fazemos em nossa vida. "Eu não mereço tanto" esgueira-se de forma sorrateira em nosso subconsciente e nos impede de conseguir aquilo que está ao nosso alcance. Essa espécie de convicção velada deriva do condicionamento a que fomos expostos na infância. Talvez eu tenha sido um menino desobediente e tenham dito para mim: "Você não merece", quando eu queria um pedaço de doce, por exemplo.

Tomei consciência disso em meus estudos na Gestalt Academy, mas tal convicção é muito ardilosa e encontra uma forma de driblar nossas defesas. Nesse momento, felizmente, consegui percebê-la e não permitir que me invadisse.

Agradecemos ao dono da propriedade e voltamos para casa; a família toda, porém, havia sido afetada por aquela empolgação. Não conseguíamos esquecer a imagem daquele mar cintilante e da bela natureza. Discutimos os prós e os contras, fizemos as contas e nos permitimos expressar um "e se..." e "como seria se...". As crianças não tinham dúvidas: aquele era o lugar no qual queriam viver.

Após alguns dias considerando e reconsiderando os prós e os contras, ligamos para o vendedor e perguntamos se poderíamos voltar uma segunda vez. Eu temia, pensando que o local já deveria ter sido vendido, mas não: seríamos bem-vindos para outra visita.

Desta vez, só nós estávamos andando por lá, observando um número cada vez maior de detalhes adoráveis. A margem litorânea era formada de rochas arenosas, uma pequena praia e um quebra-mar. Atrás do local, havia uma área reflorestada. O trânsito não passava por lá, pois a pequena estrada de terra terminava na margem do terreno. Ele estava situado entre a floresta e o mar. As árvores, os arbustos, os galpões, tudo exalava bucolismo. Tudo parecia muitíssimo harmonioso, dotado de um elemento evidente – o silêncio –, um dos maiores luxos da atualidade que nos passa despercebido, como também um dos mais raros. Pouco a pouco, fomos ficando apaixonados pelo local.

Seguiram-se algumas semanas de profunda reflexão, cálculos e discussões com o vendedor. Estranhamente, a concorrência não parecia estar acirrada. Logo entendemos o porquê. A área ainda não possuía um plano urbanístico. A cidade estava para começar um processo de planejamento no próximo outono e ninguém sabia qual seria o seu desfecho. Era bem possível que nunca conseguíssemos uma autorização para construir nesse lugar maravilhoso. Além disso, não havia água encanada e sistema de esgoto. Diziam que a cidade tinha planos de realizar tais instalações, mas essa era uma informação não confirmada. Eu já tinha preocupações suficientes. E se comprássemos o terreno e não pudéssemos construir a casa nova? A pequena cabana rústica, de cerca de cinquenta metros quadrados, dificilmente poderia ser utilizada como a residência da família. Ela poderia vir a ser, ao contrário, uma casa de veraneio e bastante dispendiosa.

"Não se preocupe, tudo vai se resolver", disse Catherine. "Posso sentir isso."

Ela não é uma pessoa imprudente – pelo contrário, é criteriosa e tem bom senso –, logo, me surpreendi ao vê-la tão confiante. Influenciado por sua postura, continuei as discussões com o vendedor sobre vários detalhes, incluindo, é claro, o preço. De vez em quando, a angústia me dominava, mas o otimismo e a serenidade de Catherine me mantinham no rumo certo. Em 4 de junho, assinamos o contrato.

Transformei a cabana em um gabinete que utilizava para escrever e, pouco a pouco, começamos a pensar nos planos para a construção de uma casa. Tínhamos, entretanto, que esperar pelo plano urbanístico. E não perder a esperança. Quando as pessoas do governo local apareceram por lá para inspecionar a área, eu os convidei para um café e, bastante inspirado, fiz um discurso sobre nossos sonhos para a casa nova e nossos planos de torná-la totalmente ecológica. Acho que fiz um bom trabalho, talvez com a ajuda daquilo que Henry Kissinger disse uma vez sobre uma proposta política: "Ela tem a vantagem adicional de ser verdadeira."

A área é bastante especial, pois transmite a impressão de ser uma região rural, um lugar muito distante no arquipélago. No entanto, são necessários apenas quinze ou vinte minutos para chegar, de carro, até o ponto central da cidade de Estocolmo. Todas as casas daquela área possuem nomes, à moda antiga; não existem números para as ruas. Um pequeno riacho atravessa o nosso terreno, desde a floresta até a parte de trás, percorrendo um trecho de praia até chegar ao mar. Batizamos o local de *Bäckastrand* – o mesmo nome da casa onde minha mãe passou sua infância. (Em sueco, esse nome significa riacho e praia.)

Cerca de um ano depois, o governo local apresentou seu novo plano para a área, que iria determinar se poderíamos ou não construir uma casa. Tínhamos apostado muito nisso. O que faríamos se perdêssemos? Não queria nem pensar no assunto.

Havia sete casas antigas naquela área. A divisão do nosso terreno talvez tivesse sido a única mudança ocorrida no período de quase um século, e o novo plano descrevia em detalhes cada um dos terrenos, que agora totalizavam oito. Sobre o nosso, dizia: "Apresenta condições de ser utilizado para a construção de uma residência para moradia permanente."

Bingo! E, logo depois disso, teve início a instalação de água encanada e infraestrutura de esgoto para atender às casas situadas desde o início da nossa pequena estrada de terra. O otimismo de Catherine tinha bastante fundamento – tudo havia se encaixado e agora estávamos livres para começar a criar nosso paraíso particular.

Na verdade, toda essa jornada havia acontecido de uma forma estranha desde o início, e não tínhamos nos dado conta. O vendedor nos disse que, por muitos anos, havia tentado dividir essa parte do amplo terreno, mas as autoridades nunca o permitiram. Obstinadamente, ele renovava sua solicitação ano após ano e, um dia, de forma inesperada, a permissão foi concedida. Rapidamente, conseguiu que o agrimensor realizasse a divisão e, assim que terminou, colocou um pequeno anúncio no jornal. Foi aquele mesmo anúncio que havíamos visto no único jornal que tínhamos em nossa casa naquele dia de abril, quando tive uma vontade irresistível de começar a procurar um terreno.

Aquele anúncio foi publicado somente naquele dia, apenas naquele jornal.

Três problemas, uma solução

Problema 1

Como consequência de um ataque agudo de atrevimento e presunção, eu havia adquirido um piano de cauda da marca Steinway, conhecido como modelo C – um monstro fabricado para grandes salas de concertos. Essa não era, de fato, minha intenção mas, quando estava começando a procurar por um piano de cauda, pedi ao meu amigo e pianista Stig Löfstrand que viesse comigo e me ajudasse na escolha. Sempre é recomendável solicitar o conselho de um especialista quando pretendemos comprar um produto caro. O que eu tinha em mente era algo mais simples, o chamado modelo A, mas não encontramos nenhum que tivesse recebido a aprovação de Stig. Pianos de cauda não são exatamente as mercadorias de maior consumo da loja. Stig testou os modelos disponíveis e encontrou um modelo B que considerou bastante adequado. O modelo B é maior que o modelo A, mas não tão grande quanto o modelo C. Ele tocou alguns acordes no teclado e, inclinando a cabeça, prestou atenção ao som. Claro, era ótimo, um instrumento muito bom.

Olhei para o grande e bonito piano de cauda e tentei visualizá-lo em nossa sala de estar. Minhas fantasias contemplavam os antigos saraus que pretendia organizar em minha casa. Isso sem falar na satisfação dos pianistas em nossas sessões de jazz. Dedilhei o instrumento e achei o som incrível.

Foi, então, que Stig sentou-se no grande monstro, o modelo C – havia apenas um – e começou a tocar. Tive a sensação de que ele havia sido transportado para outro mundo, com "*Round midnight*" (Por volta da meia-noite) e "*Ruby, my dear*" (Minha querida Ruby). Acredito que as melodias de Thelonius Monk, para os que conseguem tocá-las, são especialmente úteis para revelar se um piano é, ou não, de qualidade.

"Oh, ah", murmurou Stig e, sem dúvida, o som do piano era maravilhoso. O que mais se poderia esperar de um piano de cauda para concertos? Você não pode, porém, comprar uma coisa monumental como essa para colocá-la em uma simples residência. "Agora, temos que parar de tocar e começar a conversar", pensei.

Stig estava sentimental. "Aquele ali", disse ele apontando para o modelo B, "é um instrumento muito bom. Mas este aqui", tocou alguns acordes no monstro, "este é mais que um instrumento, é algo pelo qual você se apaixona. Aquele", mostrou o modelo B, "é um bom piano de cauda, mas este", tocou um belo acorde no modelo C, "é amor."

Em se tratando de música, sou desprovido de lógica e racionalidade; sendo assim, alguns dias depois, o grande e magnífico instrumento foi entregue em minha casa. Felizmente, a sala de estar era bastante ampla e pôde acomodá-lo sem problemas. Até mesmo meu desajeitado manuseio do teclado soava bem.

A excelência do instrumento seria confirmada em uma noite, por ocasião do único sarau que viríamos a realizar. Meu amigo e professor, o tocador de baixo Red Mitchell, havia realizado uma série de concertos na Suécia com o pianista norte-americano Roger Kellaway, e tinham uma noite livre. Resolvi correr o risco e acabei conseguindo que tocassem. Convidamos todos os nossos amigos e conhecidos que gostavam de música para um verdadeiro sarau.

Red e Roger nos encantaram com uma excelente música ao vivo e este ficou apaixonado pelo piano de cauda. Em uma canção, ele tocou os acordes finais que desciam para as notas mais baixas. De repente, parou de tocar, ficou em pé, olhou para as cordas sob a tampa aberta, fez uma profunda reverência e disse: "Muito obrigado".

Alguns anos depois, havíamos nos mudado para a casa que ficava junto ao rio, que não tinha uma sala de estar tão grande. O piano de cauda ocupava quase um terço da sala. Embora fosse tocado de vez em quando, cada vez mais comecei a vê-lo com outros olhos. Como poderia justificar o fato de possuir um instrumento profissional que não era utilizado profissionalmente? Como poderia deixá-lo dominar uma sala de estar tão comum quanto a nossa? Não seria um pouco tolo possuir um piano para concertos Steinway gigante em uma casa de tamanho normal? A sala ficaria muito mais harmoniosa com um pequeno modelo A. Tal ideia foi gradativamente amadurecendo: "preciso trocá-lo, preciso vendê-lo e comprar um modelo A em seu lugar".

Mas como faria isso? Expus meu problema à loja de pianos; aparentaram preocupação e disseram que podiam entender o problema, mas não estavam interessados em comprá-lo de volta. Ficariam muito satisfeitos em vender-me um modelo A, mas não poderiam aceitar o modelo C, pois seria difícil encontrar um comprador para um instrumento como esse. Pode apostar. Quantos indivíduos teriam dinheiro e insanidade suficientes para seguir o meu exemplo? Talvez em mais ou menos um ano houvesse alguma organização, em algum lugar da Europa, que pudesse se interessar por um piano de cauda para concertos. Porém, como a encontraria, caso existisse? Não sabia por onde começar, então, esqueci o assunto. Algum dia, por si só, seria resolvido.

Problema 2

Tínhamos comprado o novo terreno, mas ainda não havíamos começado a construir. Eu usava a pequena cabana vermelha como meu gabinete, para escrever. Meu interesse pela jardinagem havia sido bastante estimulado pelas possibilidades interessantes que imaginava estarem lá expostas, esperando, naquele solo inexplorado. Frequentemente, deixava minha escrivaninha para passear em meio às árvores e aos arbustos selvagens. Lá poderia fazer uma horta, ali uma represa, uma cerca viva neste local. Pelo que podia perceber, seria necessário um número muito maior de conhecimentos sobre horticultura do que os que eu possuía. Precisaria de ajuda, ao menos de alguns conselhos. Não desejava que algum paisagista viesse e planejasse tudo. Desejava tomar minhas próprias decisões em relação a esse assunto. Queria, porém, encontrar alguém com bons conhecimentos que pudesse consultar, para que não começasse algo que estivesse condenado desde o princípio.

Mas quem seria? Não possuía familiaridade suficiente com o mundo da jardinagem e não conhecia ninguém com esse perfil. Onde o encontraria?

Certa noite, estava com o controle remoto em mãos, mudando de um canal para outro na TV. De repente, havia um homem próximo a uma macieira, tendo em suas mãos uma tesoura de poda. Parei imediatamente para ver do que se tratava. Ele falava muito bem sobre plantas e jardins e, naquele mesmo instante, senti que seria o tipo de pessoa que gostaria de encontrar e consultar sobre meu futuro jardim. Era perfeito, mas quem seria ele? Por fim, seu nome foi revelado: Lars Krantz. Consegui anotar o nome, mas perdi as informações que especificavam de onde era e onde trabalhava. Onde quer que estivesse, gostaria de entrar em contato com ele. Procurei na lista telefônica e encontrei alguns homônimos, mas nenhum deles era quem eu procurava. Simplesmente, não consegui encontrar aquele simpático jardineiro da televisão.

Que inferno! Bom, parei de procurar. O problema não era grave. Cedo ou tarde, eu o encontraria.

Problema 3

Fora um grande alívio termos conseguido das autoridades o parecer de que nosso terreno teria "condições de ser utilizado para a construção de uma residência para moradia permanente". Na época em que o terreno estava à venda, a insegurança anterior havia tido, com certeza, a vantagem de afugentar alguns compradores concorrentes. Agora, porém, tudo estava em seu lugar. Era hora de começarmos a falar com um arquiteto, mas qual? Consultei meu velho amigo e sócio Lars Hall. Se existe alguém bem informado sobre arquitetos e com opiniões definidas, essa pessoa é ele. Não conheço ninguém que possua uma consciência estética mais apurada do que Lars. Seus conselhos seriam preciosos.

Ele indicou, de fato, alguém com muita segurança, um arquiteto que havia trabalhado com ele e realizara um trabalho bastante satisfatório. Esse arquiteto era habilidoso, experiente e organizado. Parecia perfeito e Lars conseguiu que nos encontrássemos. Nesse encontro, descobri que o arquiteto era uma pessoa agradável, que possuía uma sólida experiência anterior e sabia o que estava fazendo. Além disso, o próprio Lars tivera uma boa experiência ao trabalhar com ele e não oferecia nenhuma objeção. Ele era, sem dúvida, a pessoa que eu procurava.

Isso era o que o meu lado intelectual dizia. A mente racional não tinha razões para duvidar. Tudo parecia apropriado. Porém, lá no fundo, uma intuição começava a despertar. Havia outra indicação, vaga e imprecisa, mas intensa o suficiente para me deixar um tanto preocupado. Seria mesmo uma impressão correta? A mente racional, no entanto, estava alerta e, no mesmo instante, reprimiu tal sensação: "Estou um pouco ansioso, é claro, pois trata-se uma decisão importante, esse projeto significa muito para mim, mas não devo me preocupar com essa impressão. Tivemos muita sorte pelo fato de Lars conhecer esse arquiteto".

A velha e habitual batalha começou a ser travada entre razão e intuição. Mais uma vez, venceu a razão. E, mais uma vez, estava errada.

O arquiteto veio ver o terreno. Relatamos a ele nossas expectativas e intenções e, então, começou a esboçar algumas ideias. Tivemos mais encontros e conversas, olhamos mais esboços, refletindo sobre todas aquelas centenas de questões nas quais você nunca havia pensado e que acabam aparecendo quando você está na iminência de construir uma casa, mas que precisam ser resolvidas com rapidez. Novas reuniões, novas reflexões, e uma perturbadora sensação de que não estávamos no caminho certo, sem saber qual seria esse caminho. Catherine tinha a mesma sensação. Não podíamos identificar o que estava acontecendo, mas a sensação ficava cada vez mais intensa.

Talvez fosse uma tarefa impossível projetar uma casa exatamente como desejávamos. Deveria harmonizar-se com a natureza e o meio ambiente; ser discreta e não gritar "olhe para mim" para o outro lado da baía; ser ecológica. Deveria, também, ser uma combinação entre o arquipélago sueco e um monastério japonês.

Passavam-se os dias e os honorários do arquiteto ficavam cada vez maiores.

A solução

Por muitos anos, venho participando de um pequeno grupo de amigos que se encontram uma vez por mês, só para conversar sobre a vida, o universo, o mundo, sobre nós mesmos, sobre qualquer coisa.

De vez em quando, programamos alguma atividade à qual esteja relacionado alguém ou alguma organização especialmente interessante. O grupo possui muitos contatos em todo o mundo.

Certa vez, visitamos a comunidade antroposófica em Järna, ao sul de Estocolmo. Trata-se de um grupo diferenciado de pessoas raras e admiráveis que possuem uma forma um tanto distinta, em relação à maioria de nós, de encarar a vida e a natureza. E colocam em prática aquilo que teorizam. Eles criaram uma das maiores áreas integradas de agricultura biodinâmica da Europa, conduzem sofisticados programas educacionais relativos à arte e agricultura, possuem um hospital no qual os pacientes são examinados e tratados como pessoas integrais – não apenas por uma úlcera ou uma perna quebrada –, abrigam crianças com distúrbios severos e muitas outras atividades. O que os antroposofistas criaram em Järna é bastante original e interessante. Se você estiver preocupado com os rumos de nossa civilização, aqui você poderá encontrar um exemplo vivo e real da existência de opções positivas.

Sentamos em um bonito aposento com uma lareira, no centro cultural recém-construído – um lugar muito especial. Ele está situado em um vasto campo, que parece uma visão azulada e cintilante de outro mundo. O presidente da Sociedade Antroposófica, Anders Kumlander, tinha acabado de nos contar sobre as várias atividades e estávamos impressionados.

Após a reunião, ele se aproximou de mim. Algum tempo depois, perguntei a ele por que havia me escolhido mas ele não sabia, apenas sentiu que deveria. "Você gostaria de ver nossa nova sala de concertos aqui no prédio?" perguntou.

Claro que gostaria! Então, caminhamos por uma ampla escadaria e um corredor. Anders abriu uma grande porta e, de repente, estávamos em uma majestosa sala de concertos que comportava cerca de quatrocentas pessoas. Subimos no palco. O anoitecer de dezembro, infiltrando-se através das janelas de vitrais coloridos, inspirou Anders a ir atrás dos bastidores e acender as luzes. Fiquei parado à frente do palco e senti uma espécie de enlevo quando as luzes do salão foram acesas. O teto era uma grande obra de arte; as paredes eram feitas de tábuas de abeto artesanais de doze centímetros de espessura.

Anders saiu detrás das cortinas e comentei: "Que sala de concertos fantástica! A acústica aqui deve ser incrível".

"Sim, é muito boa", disse ele, "a maioria dos músicos adora tocar aqui. Só falta uma coisa neste momento: um piano de cauda para concertos."

Estava assustado. "Talvez haja uma solução para esse problema", falei, tentando ficar calmo o suficiente para que conseguisse contar sobre meu piano de cauda que precisava achar um lar mais apropriado. Anders demonstrou bastante interesse.

"A situação atual", disse ele, "é que possuímos um pequeno Steinway, um modelo A, que demonstrou ser pequeno demais para esse salão."

"Talvez haja uma solução para isso também", disse, achando difícil acreditar naquilo que acabara de ser revelado.

Alguns dias depois, estava de volta ao centro cultural para um encontro com Peter de Voto, o gerente das atividades da casa. Durante o almoço, deveríamos discutir os detalhes da nossa troca de pianos de cauda. Enquanto conversávamos, acabei mencionando nossos planos de construir uma casa nova no terreno que, com tanta sorte, havia encontrado. Peter ficou curioso e perguntou onde estava situado o terreno. Apesar da dificuldade, tentei explicar, pois ficava em um pequeno território dentro de outro, com apenas poucas casas, visíveis apenas à beira-mar. O lugar era bastante desconhecido, até mesmo para as pessoas que viviam na ilha.

"Ah, aquele lugar", disse Peter, "eu o conheço muito bem. Eu o atravessei milhares de vezes. Sabe, fui criado na casa ao lado."

Que estranho... Que coincidência! Evidentemente, contei a ele sobre meus planos para o jardim e acabei mencionando a dificuldade de encontrar aquele jardineiro simpático que vira na televisão – Krantz, ou qualquer que fosse o seu nome.

"Ah, o Lars", disse Peter, "ele é meu velho amigo. Posso ajudá-lo a entrar em contato com ele."

Mais uma vez, fiquei assustado. Senti como se estivesse boiando em um rio que corresse para a direção certa. Peter perguntou que tipo de casa estávamos pensando em construir. Contei a ele sobre nossas ideias e acabei mencionando os problemas com o arquiteto, um tanto difíceis de definir. Não eram muito claros e eu não tinha, de fato, nada a dizer que pudesse desaboná-lo. Era só uma sensação.

"Conheço um arquiteto aqui em Järna", disse Peter. "Já o consultamos algumas vezes e, em minha opinião, ele é muito competente. Depois do almoço, vou passar perto do local onde ele trabalha; se quiser, venha comigo e poderei apresentá-lo a você."

Claro, por que não? Sentia que, nesse momento, precisaria de todos os contatos e impressões que pudesse conseguir.

Saímos de carro e, por fim, chegamos a uma grande casa antiga, quase em ruínas, próxima a um cemitério. Ela tinha sido reformada havia pouco tempo, mas é certo que não parecia ser a empresa de um arquiteto – tanto a velha escadaria rangente de madeira, que leva ao segundo andar, como o escritório não poderiam ser considerados uma boa propaganda para os serviços prestados por ele. Já tive oportunidade de ver alguns escritórios de arquitetura. Em geral, são projetados de forma primorosa, em sua maioria, muito moderna, às vezes até em demasia. Os arquitetos, por sua vez, quase sempre estão vestidos de maneira descontraída, com roupas da mais alta qualidade, em uma agradável combinação de cores.

A única forma de descrever o escritório Prisma Arquitetos é dizer que se tratava exatamente do oposto. Resolvi não fazer julgamentos precipitados sobre o que tinha visto. Um homem alto e barbudo, com aparência de alguém que acabou de chegar de um passeio na floresta, entrou por uma porta. Peter nos apresentou. Apertamos as mãos e ouvi minha própria voz, dizendo: "Você gostaria de nos ajudar a construir uma casa?"

"Claro, por que não?", disse o homem grande e barbudo.

O que eu tinha dito? O que tinha feito? Não o conhecia, nem ao menos o encontrara antes, nunca vira nenhum de seus trabalhos e não sabia nem mesmo se era um legítimo arquiteto. Não havia discutido o assunto com Catherine, ele surgira, de repente, apenas meia hora atrás e não existia nada sobre ele ou seu escritório que indicasse que era a pessoa certa para projetar nossa linda casa nova.

Assim falou o intelecto. Porém, pelo menos uma vez, a intuição havia sido mais rápida.

Naquele escritório desarrumado teve início uma cooperação muito proveitosa. Walter Druml veio da Áustria e teve uma excelente formação em arquitetura. Em um determinado momento, optou por um estilo de vida mais antroposófico e perdeu o interesse por quaisquer regras que pudessem ditar como um arquiteto deveria se apresentar.

Ele veio visitar nosso terreno, que tínhamos começado a chamar de *Bäckastrand.* Passou horas estudando a luminosidade, sentado nas pedras e olhando à sua volta. Passeou pela grama e pelas rochas arredondadas, examinou a copa das árvores, tirou medidas e contou seus passos, e absorveu a atmosfera e os desejos do lugar.

Não era uma tarefa fácil, com certeza, combinar tudo isso com nossos sonhos em relação à casa nova. Walter, no entanto, era muito paciente. Ele explicava, com calma, a razão pela qual determinadas coisas seriam impossíveis e, em seu lugar, apresentava outras ideias e soluções que nunca havíamos imaginado. Quando Catherine e eu discordávamos de algo e a tensão começava a aumentar, fato que acontecia com relativa frequência, ele esperava, pacientemente, achando certa graça, até que o estresse chegasse ao fim. Nunca conseguimos fazer com que tomasse partido em favor de um dos dois.

Um tanto angustiado, tive de pagar os honorários, agradecer e dispensar o primeiro arquiteto. Foi difícil porque eu não tinha nenhum motivo lógico ou racional e ele era, de um modo geral, uma pessoa agradável e compreensiva. Entretanto, ficou claro que Walter seria a pessoa mais indicada para executar o projeto. Já moramos em Bäckastrand há alguns anos e, todos os dias, procuro não esquecer de enviar um pensamento de gratidão ao universo pelo privilégio de viver em um lar que amamos.

Em uma só onda de sincronicidades relacionadas, o problema do piano, o do consultor para o jardim e o do arquiteto foram solucionados.

A casa foi indicada para o "Träpriset" (Wood Award* – um prêmio especial instituído pela Federação das Indústrias Florestais da Suécia e concedido a cada quatro anos). Também recebeu indicação para uma premiação local: "A casa mais querida em Lidingo".

* Trata-se de um prêmio concedido à arquitetura exemplar em madeira e que capta a essência de nosso tempo. Reconhece as construções em que a madeira, em combinação com outros materiais, tem sido utilizada com excepcionais qualidades arquitetônicas. (N.T.)

capítulo

8

Você pode provocar sincronicidades?

A ocorrência de coincidências significativas parece aumentar com a meditação.

Frank Joseph

Se você olhar sob o ponto de vista da Matemática ou da Estatística, parecerá óbvio que as coincidências não sejam algo que você possa provocar ou influenciar. Se, no entanto, você substituir sua ótica por outra, multidimensional e holística, inúmeras coisas serão possíveis.

Muitos que estudaram a questão parecem acreditar que os eventos sincronísticos tornam-se mais frequentes quando as pessoas praticam meditação, yoga, relaxamento, *qi-gong* ou qualquer outra forma de treinamento que intensifique a capacidade de concentração e foco da consciência.

Aprendi meditação transcendental em 1971 e, desde então, experimentei e pratiquei várias técnicas. Não tenho sido sempre disciplinado e constante, mas posso dizer que alguma forma de meditação costumava estar presente em minha vida.

O fragmento seguinte pertence ao site de Peter Russell na internet – "O espírito da atualidade" (www.peterrussell.com). Recomendo, com louvor, uma visita a esse site mágico e revelador. Peter possui uma combinação incomum em sua formação acadêmica: Matemática, Ciência da Computação e Psicologia. Ele é um autor e conferencista muitíssimo requisitado em todo o mundo e publicou livros fantásticos como *From Science to God* (Da Ciência a Deus) e *O buraco branco no tempo*, entre outros.

Queria muito incorporar o texto de Peter neste livro, pois ele proporciona uma compreensão genial sobre o mistério – e a simplicidade – da sincronicidade. Peter gentilmente permitiu que fosse aqui reproduzido.

Como ser um mago

por Peter Russell

Um mago conhece as leis da criação e sabe como lidar com elas.

Um mago permite que a sincronicidade se manifeste.

Um mago segue três princípios básicos.

O primeiro princípio é o da integridade. Quanto mais descansado eu estiver, mais relaxados estarão meu corpo e minha mente, mais em contato estarei comigo mesmo, mais livre me sentirei, mais tranquila ficará minha alma, mais completo serei. E parece que, quanto mais completo eu for, maior será a ocorrência de sincronicidade.

Ao contrário, quando estou em desequilíbrio, cansado, estressado, esgotado, envolvido em preocupações ou, de algum modo, fora do meu eixo, a sincronicidade não se manifesta de forma tão abundante.

Não podemos fazer as sincronicidades acontecerem. O fato de ocorrerem "por coincidência" é inerente à sua própria natureza. Não podemos controlar ou manipular o mundo a fim de criar sincronicidades — sua origem não é deste mundo. No entanto, podemos estimular seu aparecimento; podemos ficar abertos a elas. Fazemos isso quando nos abrimos à nossa própria essência, à nossa totalidade interior.

Um mago possibilita que a integridade interior seja uma prioridade. Um mago permanece descansado, relaxado, centrado e sereno.

Uma segunda característica das sincronicidades é a de que parecem dar respaldo aos nossos desejos. É como se nos trouxessem justamente o que precisamos, na hora certa; como se o Universo desse muita importância às minhas maiores necessidades e providenciasse sua realização, utilizando formas que eu nunca poderia ter imaginado. Podemos dizer, lembrando as palavras de um renomado professor indiano, que as sincronicidades são "o apoio da natureza". Apoiamos a natureza permanecendo centrados e a natureza nos apoia providenciando as oportunidades para satisfazer nossas necessidades. É isso o que as torna tão mágicas e extraordinárias — tal coincidência.

Para permitir que o apoio da natureza se manifeste em nossas vidas, precisamos seguir o segundo princípio da magia — a intuição. Isso, muitas vezes, torna-se difícil, pois nem sempre sabemos diferenciar a verdadeira intuição daquilo que pode ser considerado apenas como "coisas" que penetram em nossas mentes, provenientes de nosso inconsciente. A meu ver, seguir minha intuição significa seguir meus sentimentos e não meus pensamentos.

Um bom exemplo aconteceu em uma tarde de maio, em 1995. Estava ocupado escrevendo quando, de repente, tive vontade de levantar e sair para uma caminhada.

A princípio, resisti à ideia — disse a mim mesmo que deveria trabalhar. Então, quando o pensamento persistiu, levantei e saí para o que chamo de "passeio aleatório" — não decido antecipadamente aonde irei; faço minhas escolhas no momento em que chego a cada um dos locais que me oferecem diferentes opções.

Enquanto caminhava, notei algumas placas que anunciavam o dia de visitação pública de um artista. Na terceira vez em que vi uma das placas, decidi seguir sua indicação. Perambulei pelo estúdio, olhando esculturas maravilhosas e, por acaso, percebi um rapaz em outra sala, trabalhando sem parar em um Macintosh. Entrei e descobri que ele estava desenvolvendo um servidor web e que ambos desejávamos fazer coisas muito parecidas. Descobrimos que tínhamos muitos outros interesses em comum e, no mesmo instante, nos tornamos bons amigos. Ele me ofereceu um local para meu próprio site na internet, e algumas semanas depois, minhas primeiras páginas estavam em funcionamento.

Este é um exemplo de circunstância em que segui minha intuição. Se tivesse continuado a pensar sobre o que deveria estar fazendo, possivelmente nunca teríamos nos encontrado. Muitas coisas acabariam acontecendo de forma diferente e você talvez não estivesse lendo isso agora.

É como se a coreografia cósmica já tivesse estabelecido as coincidências. Elas estão lá, esperando que as descubramos. Captamos as possibilidades por meio de uma delicada antena mental e essas possibilidades são percebidas por nós como uma leve cócega em nossa atenção – uma intuição.

Descobri, também, mais um princípio referente às sincronicidades. Posso sentar sozinho em minha casa de campo, no meio de uma floresta, em paz comigo mesmo, centrado e inteiro, em contato com minha intuição e, no entanto, poucas coincidências acontecem. As coincidências significativas quase sempre parecem envolver, de alguma forma, outras pessoas. É como se nossa ação recíproca com os outros proporcionasse à coreografia cósmica maiores oportunidades de manifestar-se por nosso intermédio.

Embora não sejamos capazes de fazer com que as sincronicidades aconteçam, podemos criar um ambiente interno de totalidade e uma abertura à intenção; e, em nossa vida exterior, podemos nos engajar no mundo, participar da vida social, sair e nos divertir. Jogar qualquer jogo e representar qualquer papel que estiver mais de acordo com nossas intuições. Jogá-lo com nossa alma, por inteiro, de qualquer forma que possa nos completar internamente, nos proporcionar prazer e satisfação – afinal de contas, não há razão para sofrermos enquanto nos divertimos. Esse é o terceiro princípio da magia – um princípio que chamo de "Idas e Vindas": representar nosso papel no mundo e permitir à coreografia cósmica que faça a sua parte.

Esses são os três princípios da magia: Integridade, Intuição e Idas e Vindas.

E, se você precisar de um artifício para ajudar a memorizá-los, pegue suas letras iniciais, I I I. Dessa trilogia, o mago tira a magia.

A cor ideal

Tínhamos acabado de organizar uma festa para comemorar o término da parte estrutural de nossa casa em Bäckastrand. Cada vez mais, a construção ficava parecida com uma casa, mas ainda precisávamos tomar muitas decisões. A construção de uma casa implica enfrentar um bombardeio constante de novos problemas. Não importa o quão cuidadosamente você tenha planejado, sempre surgem situações inesperadas que ninguém foi capaz de prever ou imaginar. Qual deveria ser a largura dessa tira de madeira? Será que deveríamos usar madeira compensada aqui? Como você quer que esse encaixe seja feito? Todos os dias surgem novas decisões a serem tomadas.

Uma dúvida que precisava ser resolvida com urgência dizia respeito à cor das paredes internas. Desejávamos uma cor que transmitisse calma. Queríamos refletir a harmonia e a quietude do lugar. Nada de cores vibrantes. Uma de nossas fontes de inspiração eram as fotos dos interiores das construções japonesas, com seus matizes tranquilizadores de cinza e bege.

Após muitas conversas com os pintores, decidimos que as partes de madeira deveriam ser pintadas de cinza. No entanto, nunca tinha reparado na infinidade de tonalidades existentes que podem ser consideradas como cinza. Parece ser uma cor que consegue fazer uma boa parceria com quase todas as outras e que muda, como um camaleão, dependendo de seu acompanhante. Amarelo, vermelho, azul, verde, branco, preto, violeta – a cor cinza não possui uma identidade nítida e é facilmente influenciada em qualquer direção. Foi um grande alívio quando, por fim, conseguimos decidir sobre a tonalidade de cinza ideal.

Agora, tudo o que precisávamos decidir era a cor bege das paredes. Isso foi ainda mais difícil, à medida que descobrimos que o bege possui um número ainda maior de tonalidades que o cinza. Apesar de termos, agora, a cor cinza para fundamentar nossa decisão, o infindável folhear das pequenas amostras de cores estava ficando cada vez mais confuso. Essa era uma escolha muito importante. Nossa ansiedade crescia à medida que aumentava a pilha de amostras de cores.

Por fim, acabamos desistindo e procuramos o Instituto Escandinavo da Cor. Ali talvez pudéssemos receber alguma ajuda. Pelo menos, eles possuíam grandes fichários com amostras de cores amplas e nítidas. Tínhamos trazido um pequeno pedaço de madeira pintada com o cinza escolhido por nós, pois assim seria mais fácil encontrar a combinação perfeita.

Ficamos em uma mesa folheando três fichários repletos de tons de bege. "Esta talvez seja boa... ou esta... não, esta... Por que não esta? Ou..." nossa noção de cores começou a desaparecer. Minha cabeça era uma confusão de beges. Tínhamos, porém, de fazer uma escolha. Os fichários estavam dispostos lá, abertos, esperando que decidíssemos. Lançamos, um ao outro, um olhar desesperado: "Que diabos devemos fazer agora?"

De repente, apareceu uma mão flutuando sobre a mesa. Um dedo apontava uma das amostras e uma voz dizia: "Aquela é muito bonita".

Erguemos os olhos e vimos uma senhora amistosa que havia se materializado em nossa mesa sem que percebêssemos. Ela prosseguiu: "Aquela você pode combinar com essas três tonalidades". Folheou as fichas com destreza e mostrou algumas outras amostras. "Com essa, essa outra e aquela outra. Todas elas pertencem à mesma escala de cores, mas possuem intensidades de luz diferentes. Pintem os cômodos mais escuros com as tonalidades mais claras e, então, pintem com as tonalidades mais escuras os cômodos que tiverem mais luminosidade. Essas quatro tonalidades combinam com perfeição entre si e irã proporcionar à sua casa um equilíbrio na combinação com o cinza que vocês têm ali naquele pedaço de madeira."

Ficamos de queixo caído. Foi algo totalmente inesperado. Quem seria ela? De onde teria vindo? Como ela sabia tudo isso?

"Anotem o número das amostras, para que consigam as cores certas. Ah, eu tenho de ir. Sou uma consultora de cores e estou ministrando um curso lá agora", e apontou para uma porta, "mas o intervalo acabou e eu tenho de voltar. Sua casa vai ficar muito bonita. Boa sorte com a pintura!"

Desapareceu tão rapidamente quanto tinha aparecido.

Fomos para casa e seguimos o que ela havia dito. O resultado? Ficou ótimo!

O homem do assoalho

A escada para o segundo andar de nossa casa recém-construída era feita de carvalho, que precisava ser lixado e tratado com óleo. Já havia sido lixada, mas o trabalho de tratamento com o óleo tinha sido adiado com todas as outras pequenas tarefas que ainda precisavam ser executadas. O tempo passa e você acaba se acostumando com as coisas do jeito que estão.

No entanto, de repente, um dia, você presta atenção em algo; você olha para a coisa inacabada novamente e pensa: "Não, isso não pode continuar! É hora de agir!".

Tentei lembrar o nome do homem do assoalho que havia prometido realizar o tratamento com o óleo nas escadas. Era um jovem simpático que, com um colega, havia construído, lixado e tratado com óleo todos os pisos de carvalho da casa. Ele havia concordado, também, em cuidar da superfície da escada mas, de alguma forma, tudo tinha caído no esquecimento.

E, agora, isso precisava ser feito! Comecei a procurar seu nome e o número de seu telefone entre as pastas e pilhas de papéis remanescentes do projeto de construção. Como é que se chamava mesmo? Não tinha lembrança alguma, o que não ajudava muito minha busca. Não encontrei nada, mas tinha uma vaga noção do nome da empresa para a qual ele trabalhava. Olhei na lista telefônica e fiquei bastante orgulhoso, pois parecia que minha memória ainda estava íntegra. Encontrei o nome da empresa que pensei ter lembrado e disquei o número, sentindo alívio; agora eu poderia encontrar o rapaz e, finalmente, terminar o serviço da escada.

O número não existia mais! Não havia informação referente a algum número novo, nada. Estava de volta à estaca zero. "Será que ele não havia deixado um cartão conosco? Deve estar em algum lugar por aqui", pensei. E minha busca continuou, em meio às pilhas de cartões. Não tive sorte. Nada, também, em nossa agenda pessoal de telefones. Nada escondido em meio a alguns dos montes de papéis esquecidos sobre a escrivaninha. Nem mesmo Catherine, que não perde nada de vista, podia lembrar ou achar alguma coisa. Mas precisávamos terminar a maldita escada. Quem poderia fazer isso senão ele? Quem fazia esse tipo de trabalho? As dúvidas nos aborreciam.

Precisei parar de procurar naquele momento, pois tinha de ir a um almoço na Sociedade Executiva de Jazz da Suécia. É uma tradição agradável das sextas-feiras, na qual você almoça, ouve e, às vezes, participa de uma sessão de jazz.

Quando cheguei, entre duzentas a trezentas pessoas estavam no salão de baile, que parecia repleto de gente nas mesas. Estava atrasado, pois tinha ficado procurando pelo homem do assoalho. Olhei em volta da sala tentando localizar uma cadeira vazia, mas parecia impossível. Foi, então, que vi de relance o meu amigo, o músico Dick Nilson, em um canto do outro lado do salão. Ele acenou para mim e acenei de volta. Ele apontou enfaticamente para baixo, na mesa, e entendi que havia, na realidade, uma cadeira vazia em sua própria mesa. Que sorte! Em movimentos de ziguezague, atravessei o salão, feliz por achar um local para sentar. Era bem provável que fosse o único assento livre do local.

Cumprimentei Dick e o rapaz sentado à minha direita. Achei que o conhecia de algum lugar. Havíamos nos encontrado em algum evento anterior, mas não conseguia lembrar, de imediato, quem era. Quando se apresentou, lembrei que era um arquiteto.

Ele sabia que tínhamos construído uma casa nova e perguntou sobre o processo de construção e como a havíamos encontrado. Contei a ele um pouco sobre o quanto amávamos a casa, mas não pude deixar de me lamentar do mistério do rapaz do assoalho que perdêramos de vista, já que havia pensado tanto nisso, recentemente.

"Ah, você quer dizer o Peter, Peter Berggren, o homem que colocou o piso na sua casa. Ele trabalha comigo, agora. Tenho o número do telefone dele aqui, se você quiser entrar em contato."

Foi o que fiz. Uma semana depois, Peter havia terminado a escada.

capítulo

9

O Projeto Stargate

A inconsciência sobre uma pedra caindo é completamente diferente da inconsciência sobre um repolho em crescimento.

Henri Bergson

O físico Dale Graff trabalhou na Divisão de Tecnologia Estrangeira da Força Aérea dos Estados Unidos nos anos 1970. Levava uma vida confortável, bem estabelecida, na visão de mundo materialista. Seu trabalho consistia em analisar e informar a respeito dos avanços tecnológicos em várias áreas, e também predizer desenvolvimentos tecnológicos futuros. Porém, em relação a isso, um problema irritante constantemente o perturbava. Era impossível prever algo que pudesse acontecer em um futuro mais distante do que alguns poucos anos. Fatores políticos, econômicos e sociais poderiam, a qualquer momento, alterar o futuro que havia sido planejado. Sem falar no fator humano – as repentinas ideias brilhantes, os grandes avanços inesperados e todos os imprevisíveis aspectos psicológicos.

O elemento mais difícil e irritante de todos era o fato de existirem intensas pesquisas científicas, na União Soviética, que se concentravam no que era chamado de "bioenergia". No ocidente, era conhecida como PES, percepção extrassensorial, ou *psi,* uma letra grega utilizada para fazer as habilidades humanas excepcionais parecerem um pouco mais neutras e menos místicas. Os cientistas soviéticos estudaram assuntos como a telepatia, a psicocinese (habilidade de agir sobre os objetos materiais com o simples poder do pensamento) e outros supostos "fenômenos paranormais". Eles realizaram experimentos que estudavam, entre outras coisas, a comunicação telepática com submarinos no mar, que denominavam "transmissão de emoções". Vários cosmonautas soviéticos também estavam interessados e envolvidos no trabalho da bioenergia. É claro que isso preocupava os líderes militares da América.

Mesmo que essa área da Ciência fosse considerada por muitos duvidosa, decidiu-se que os norte-americanos teriam de começar a estudá-la um pouco mais de perto. Dale Graff foi designado chefe desse projeto supersecreto e recebeu, também, uma nova função na DIA – Agência de Inteligência de Defesa. O que aconteceria lá mudaria sua vida.

Ele chamou o projeto de *Stargate* e trabalhou próximo aos físicos nucleares Hal Puthoff e Russel Targ, no Instituto de Pesquisas Stanford, realizando pesquisas referentes à "visão remota" (maiores informações sobre o assunto no capítulo 15, sobre a intuição). As descobertas de Graff mudaram sua visão de mundo, e em seu livro *Tracks in the psychic wilderness* (Trilhas na imensidão psíquica), ele conta o máximo possível, sem revelar as partes confidenciais.

Foi o suficiente para surpreender muita gente.

Ele descobriu que seria possível que uma pessoa dotada de poderes paranormais estivesse sentada no laboratório e, por meio apenas de suas próprias imagens mentais, fosse capaz de descrever, com precisão, uma base militar secreta na União Soviética que, naquela época, era desconhecida.

Um dos sujeitos do teste, Pat Price, descreveu, por exemplo, construções e estruturas em abóbadas que ninguém tinha visto ou ouvido falar, e os cientistas não puderam entender com que finalidade haviam sido construídas. Mas após a queda da União Soviética, foi constatada a existência real das bases e daquelas estruturas, exatamente como Price as havia descrito.

Durante seu trabalho, Graff também teve razões para estudar e observar os eventos sincronísticos. Chegou à conclusão de que ocorrem por meio de algo mais do que o puro acaso matemático. Escreve ele: "As sincronicidades são eventos dinâmicos que ocorrem em momentos surpreendentes, em resposta a necessidades ou preocupações urgentes. As experiências sincronísticas nos fazem lembrar que ainda não possuímos uma vasta compreensão sobre o alcance de nossa mente consciente e subconsciente".

Ele procurou explicações em algo conhecido como *efeitos quânticos não locais* e mencionou, por exemplo, uma estranha descoberta da Física Quântica. Duas partículas elementares, que foram conectadas entre si, podem ser separadas por centenas de quilômetros. Se você mudar a rotação de uma delas, a outra mudará da mesma forma, no mesmo momento, sem levar em consideração a distância entre elas. É a chamada *sincronicidade quântica* ou *não localidade*, e não existem leis de causa e efeito conhecidas que possam explicá-la. Graff afirma que continua a existir uma conexão significativa entre as partículas em alguma forma de relação holística, não limitada pelo espaço e pelo tempo. "Eventos sincronísticos lançam indícios sobre o possível funcionamento de nossa mente subconsciente e sugerem que aspectos de nosso cérebro e camadas profundas de nossa psique devam ser, na realidade, semelhantes a uma onda, similares ao modo de funcionamento de um holograma."

Talvez não seja tão fácil compreendê-la, mas parece ser, de fato, outra peça do quebra-cabeça da sincronicidade.

O homem do concreto

Em 29 de setembro de 1994, a balsa Estônia naufragou no Mar Báltico; 852 pessoas morreram nesse horrível acidente.

Fiquei impressionado com a inabilidade das autoridades em lidar com a catástrofe da *Estônia*. Tal inabilidade transformou o acidente em uma ferida que nunca cicatrizará. As associações de familiares, vez por outra, expressam publicamente sua raiva e frustração, os especialistas navais divergem, os teóricos da conspiração estão fazendo investigações para descobrir a verdade, a mídia não sabe como se posicionar e as autoridades parecem espalhar uma cortina de fumaça, tentando encobrir o caso.

A primeira reação a esse acidente terrível foi normal e objetiva. Tanto o primeiro ministro quanto o líder da oposição da época afirmaram que tudo seria feito, o mais breve possível, para recuperar o navio e sua trágica carga de cadáveres.

Por que não fizeram isso?

Teria sido um período desagradável, com imagens horríveis, muito sofrimento, muitos funerais e manchetes lúgubres. Então, tudo estaria terminado. A maioria dos familiares das pessoas que morreram teria uma confirmação definitiva, um encerramento – um caixão, um local de sepultamento como referência –, de forma que a comoção e o pesar pudessem, por fim, diminuir e dar lugar a lembranças menos sombrias dos falecidos.

E, agora, tal oportunidade não tinha sido concedida a eles. "Por que a embarcação afundou? Onde estará o meu marido? De que forma minha filha morreu? O que, de fato, aconteceu? Muitas questões ainda pairam no ar sem resposta e, assim, as feridas não cicatrizarão.

Um fato psicológico conhecido é que o organismo humano possui uma necessidade inata de finalização. Experiências traumáticas inacabadas acumulam-se como pedras em nossa mochila interna desde a tenra infância.

Por exemplo: um garotinho mostra a seu pai um desenho que fez de um carro. O pai, sabendo que devemos encorajar a criatividade das crianças, elogia muito o garotinho orgulhoso. No dia seguinte, o garoto vislumbra uma oportunidade de receber um número ainda maior de elogios e deixar seu pai ainda mais feliz. Ele pega seu lápis de cor e desenha um carro gigantesco na parede branca da sala de estar.

O pai chega em casa e fica furioso. O garoto fica chocado e amedrontado, não consegue entender. "Papai ficou tão feliz ontem com o carro pequeno, por que está tão zangado hoje com o grandão?" O garoto, porém, não consegue expressar sua perplexidade e aflição, e o incidente transforma-se em uma grande pedra em sua mochila interna.

Acumulamos nossas pedras, grandes e pequenas, ao longo da estrada de nossas vidas e, no final, pode ser que fiquemos cada vez mais arqueados, em consequência de nossa mochila cada vez mais pesada. Muitas experiências e sentimentos se escondem naquelas pedras que reprimimos, lançando um véu de esquecimento sobre elas, a fim de evitar a dor. No entanto, as cargas ainda estão lá, prontas para serem disparadas em uma súbita explosão de emoções, talvez ativada por algo que ocorra aqui e agora e não tenha nada a ver com o que aconteceu lá, naquela época.

Na linguagem terapêutica, são conhecidas como "questões mal resolvidas" ou "introjeções", como se fossem pacotes internos de energia prontos para explodir a qualquer momento, se ativados. Podem até nos levar a fazer coisas das quais possamos nos arrepender.

Talvez o garoto de nosso exemplo cresça e se transforme em um genuíno grafiteiro. Ou, ao contrário, sinta um ódio irracional por tudo o que se relacione ao grafite, ou até fique violento se observar alguém grafitando. Seja qual for o caso, pode ser que ele acabe se envolvendo em problemas aqui e agora por algo que aconteceu quando tinha 4 anos e que já foi esquecido por ele há muito tempo. O propósito da psicoterapia é, em parte, encontrar tais pedras, tirá-las da mochila e lançá-las à margem da estrada, para que possamos aliviar nossos passos na jornada de nossas vidas.

Gostaria de saber quantas pedras internas debilitantes o caso Estônia criou em milhares de pessoas, e quais são suas chances de se livrarem delas. Os problemas não resolvidos são evidentes nos constantes conflitos que surgem repentinamente, mas parecem levar a lugar nenhum. As autoridades fazem o que podem para reprimir, negar e fazer de conta que tudo está como deveria. No entanto, a balsa Estônia repousa lá, nas profundezas do Mar Báltico, com seus segredos sombrios – exemplo monumental de uma "questão mal resolvida".

Uma das ideias propostas mais absurdas e cujos trabalhos preliminares, de fato, iniciaram, foi a de colocar concreto sobre toda a embarcação. Uma montanha de concreto no fundo do oceano esconderia para sempre o que aconteceu. Talvez houvesse, também, esperança de que a dor e o sentimento de perda pudessem desaparecer no interior da gigantesca lápide de concreto, lá embaixo, na gélida escuridão. E ninguém seria capaz de encontrar qualquer prova ou evidência de algum delito, erro ou negligência criminosa. Tudo seria encoberto, para sempre abafado e esquecido.

Eu não gostei nem um pouco da ideia e não achei que os milhares de parentes dos falecidos sentiriam qualquer melhora se essa catástrofe fosse totalmente reprimida e escondida sob um imenso sarcófago de concreto no fundo do oceano. Parecia ser uma gloriosa manifestação de estupidez e negação.

Lembrei-me do caso Estônia durante uma palestra no Instituto Sueco de Administração, onde estava conduzindo um seminário de dois dias sobre liderança e desenvolvimento pessoal. Participavam 25 arquitetos e engenheiros, pertencentes a várias empresas do grupo Sweco de consultores de engenharia e construção. Estava comentando sobre a necessidade de finalizar as coisas e como todos os problemas relacionados ao Estônia ilustravam o que acontece quando você não as finaliza. Expressei meu desalento diante da inabilidade das autoridades em lidar com o caso, em especial, da ideia absurda de derramar concreto sobre ele.

Um clima um tanto estranho se abateu sobre a sala, chamando minha atenção. De repente, percebi que estava diante de uma sala repleta de pessoas do setor de construção civil, falando com hostilidade de um grande projeto de construção. E se alguém ali estivesse envolvido? Senti uma "perturbação na força", como diria Darth Vader, e não sabia ao certo como agir. Achei que seria melhor pegar o touro à unha.

"Estou aqui falando sobre algo que vocês devem saber muito melhor do que eu. Talvez, até exista alguém aqui que esteja trabalhando naquele projeto."

Naquele exato momento, a porta se abriu e um homem apareceu na entrada.

"Aí está ele", várias vozes anunciaram simultaneamente.

Ouviu-se um murmúrio e alguns risos na sala. Do que estavam falando? O que estava acontecendo? O homem havia saído há apenas algumas horas para atender a um chamado urgente sobre um assunto de negócios. Ele parou e olhou para mim, demonstrando curiosidade, tão confuso quanto eu.

Foi então que várias vozes animadas me informaram que o homem na entrada era exatamente a pessoa que estava conduzindo todo o projeto de sepultar a balsa Estônia sob uma montanha de concreto!

Havia uma agitação na sala pelo estranho fato de ele ter aparecido no exato momento em que perguntei se alguém estaria envolvido. Ele nos contou, então, que o projeto inteiro havia sido interrompido. Por esse motivo é que havia sido chamado, ausentando-se por algum tempo.

Ele não parecia aflito, nem as demais pessoas. Na verdade, uma grande parte delas tinha achado aquele projeto bastante estranho. Grandioso e singular, com certeza, e provavelmente muito lucrativo para a indústria de concreto, mas estranho.

Saí da situação sem o nariz ensanguentado, mas com o propósito de ser um pouco mais cauteloso na próxima vez que estivesse na iminência de criticar alguém em púbico.

O mundo dos contrabaixistas

Todas as áreas possuem seus heróis e ídolos. No mundo do futebol, por exemplo, estrelas como Ronaldo, Zlatan e Beckham são adoradas por milhões de fãs. O mundo da Ciência admira os ganhadores do prêmio Nobel e respeita os pioneiros, como o inglês Rupert Sheldrake, o americano Bruce Lipton e o austríaco Karl Pribram. No mundo do rock, existe uma multidão de deuses maior do que no Olimpo grego.

O mundo do jazz também possui seus deuses populares. Um deles é o contrabaixista americano Ray Brown, um herói para muitas gerações de músicos de jazz. Um de seus admiradores não menos importante é Hans Backenroth, um dos melhores e mais requisitados jovens contrabaixistas suecos. Devo confessar, como baixista amador, que o próprio Hans é um dos meus favoritos. Como, também, é claro, Ray Brown.

Hans tinha feito uma apresentação na Islândia com o clarinetista Putte Wickman. Eles deveriam voltar para casa de manhã cedo e tomar um táxi para o aeroporto de Reijavic. Ainda estava escuro quando se aproximaram do aeroporto e puderam ver as luzes de um avião de passageiros que se aproximava da pista de pouso.

De repente, o motorista de táxi apontou para a aeronave e disse: "Aí vem o Ray Brown".

Hans achou engraçado que um motorista de táxi na Islândia tivesse, por acaso, mencionado o nome de um de seus heróis e lhe pediu mais explicações.

A explicação era simples: o motorista tinha sido solicitado para buscar o senhor Brown no aeroporto. Ele também sabia que Brown faria um concerto em Reijavic.

No interior do terminal, Hans passeou pelas lojas do aeroporto com o estojo do arco de seu instrumento embaixo do braço. Ficou radiante quando encontrou dois CDs do Oscar Peterson Trio que ele vinha procurando havia muito tempo. E quem era o baixista em ambos? Ray Brown, é claro. "Uma feliz coincidência", pensou Hans.

Efetuou o pagamento no caixa e estava saindo da loja quando seu celular tocou. "Oi, é o Kjell." Era o pianista Kjell Öhman, ligando de uma cidade da Suécia. Ele estava em uma turnê com a cantora Alice Babs.

"Você pode me ajudar? Nós vamos tocar aquela canção Te amo loucamente e eu não trouxe a partitura. Há um tremendo solo de contrabaixo na introdução, que o Ray Brown tocou, você conhece?"

Hans começou a rir. "Que legal. Essa é a terceira vez na última meia hora que Ray Brown, de repente, aparece. Primeiro o motorista de táxi, quando viu um avião, disse: "Aí vem o Ray Brown" e, então, comprei dois CDs do Oscar Peterson com o Ray Brown no baixo, e agora você me liga pedindo a parte do contrabaixo do Ray Brown. Muito estranho."

Naquele mesmo instante, Hans sentiu alguém tocando o seu braço e ouviu uma voz dizendo: "Oi". Ele se virou e lá estava... Ray Brown.

Assim que terminei de escrever este capítulo, fechei o Microsoft Word para ir para a internet. Ainda estava pensando no

Ray Brown. Minha página inicial com o noticiário da CNN apareceu e meus olhos foram imediatamente atraídos para uma manchete que deixou meus cabelos em pé: "Morre Ray Brown."

Ele havia estado em turnê nos Estados Unidos e ia fazer um concerto à noite. Aproximava-se a hora de começar e os outros músicos estavam em seus lugares, mas ninguém sabia onde andava Ray. Ele sempre fora pontual. Eles começaram a especular. Sabiam que havia algumas horas ele tinha ido para seu quarto para descansar por algum tempo. Talvez tivesse dormido demais, e foram acordá-lo.

Ray Brown nunca mais despertaria. Ele tinha 75 anos. O mundo do jazz, em especial o mundo dos contrabaixistas, havia perdido um dos seus grandes heróis.

capítulo

10

O que, de fato, nós sabemos?

A Física é uma disciplina matemática, não porque saibamos muito sobre o mundo físico, mas porque sabemos tão pouco; podemos descobrir apenas suas propriedades matemáticas.

Bertrand Russell

Não tenho conhecimento de nenhuma pesquisa realizada, em qualquer lugar do mundo, que se concentre especificamente no fenômeno da sincronicidade. Entretanto, muitos pesquisadores estão interessados no assunto e existem algumas teorias e especulações a respeito. Alguns projetos de pesquisa também parecem estar, pouco a pouco, aproximando-se do fenômeno.

As questões centrais parecem ser: existirá um campo de consciência que não esteja aprisionado no interior do cérebro humano? Que talvez não esteja nem ao menos limitado ao tempo e espaço? E, caso esse campo exista, poderá influenciar de alguma forma o que acontece na matéria-tempo-espaço? Em caso afirmativo, poderá indicar o início de uma compreensão mais profunda sobre a sincronicidade?

Parecem existir duas linhas principais de pensamento quando consideramos a sincronicidade. Talvez isso aconteça com a nossa visão de mundo em geral. Uma se atém ao velho paradigma habitual – a visão de mundo materialista, positivista e reducionista, que não demonstra interesse por nenhuma realidade além daquela que pode ser medida, pesada e calculada, tocada e controlada. As sincronicidades são vistas como uma questão estatística e matemática. Os acasos e as probabilidades são calculados por meio de modelos e raciocínios matemáticos avançados, a meu ver muito impressionantes. Pode-se equilibrar conceitos como os de *coeficientes binomiais*, *variáveis estocásticas* e *matemática combinatória*. Pode-se calcular *amplitudes probabilísticas* e predizer quantas pessoas estão celebrando seu aniversário na plateia de um concerto de 10.000 pessoas, ou a probabilidade de que saia cara de 40 a 60 vezes se você jogar uma moeda 100 vezes – exatamente uma média de 50 vezes. Não escolhi esses exemplos fáceis com a intenção de depreciar a Estatística Matemática, mas porque são simples o suficiente para que eu os compreenda.

Um conhecimento avançado de Estatística e Matemática é muito importante em diferentes áreas – por exemplo, para a Ciência da Computação e o planejamento social. Creio que esse conhecimento poderia até ser muito valioso para as pesquisas sobre a sincronicidade, se aqueles que o têm dominado pudessem abordar o assunto com seriedade.

O modelo matemático, porém, nunca poderá entender os conteúdos psicológicos e emocionais de um evento. Ele é brilhante no que diz respeito a lidar com aquilo que é objetivo, mas ineficaz quando tratamos do subjetivo. A Matemática não gosta da subjetividade.

Em seu livro erudito *True or probable* (Verdadeiro ou provável), o professor de Estatística Matemática Allan Gut escreve de forma um tanto condescendente: "Pode ser que valha a pena acrescentar que existem pessoas que desejam interpretar as supostas coincidências inexplicáveis como um sinal vindo de uma esfera superior, como determinadas pelo destino".

Sim, existem pessoas como essas. E como alguém pode ter certeza de que não existe nenhum mérito em suas interpretações? Elas representam a outra linha de pensamento sobre a sincronicidade – uma postura que parece atrair um número cada vez maior de leigos, assim como de acadêmicos. Aquelas que, às vezes, refletem profundamente sobre a realidade, sobre o sentido de tudo e, pelo menos, permanecem abertas para a questão: "Existirá, talvez, uma 'esfera superior' de onde possamos, de fato, receber 'sinais'"?

Não acredito que tudo na vida seja determinado pelo destino. Não penso que a vida de uma pessoa seja um caminho predeterminado marcado por tiras de papel, ou como um passeio à mansão mal-assombrada em um parque de diversões, onde tudo o que acontece é combinado antes. Acredito no livre arbítrio do ser humano e na responsabilidade pessoal. E sei que cada pessoa psicologicamente saudável pode, em grande parte, influenciar o desenvolvimento de sua vida.

Desconfio, porém, que para a maioria das pessoas isso aconteça em alguma forma de interação inconsciente com a "esfera superior", essa consciência coletiva, ou mesmo cósmica, ou esse campo de informação e energia, ou universo, ou Deus, ou como quer que queiramos chamá-lo. É alguma coisa, com certeza. E, assim, uma a uma, todas as peças do quebra-cabeça vão sendo encontradas, mesmo que ainda falte muito para que a figura toda se complete.

O ator e o assassino

Edwin Booth foi um dos primeiros atores da América a tornar-se famoso em todo o mundo. Ele era muito popular e admirado, em especial por suas interpretações de Shakespeare. Foi, também, celebrado na Europa, tendo interpretado ambos, Hamlet e Macbeth, em vários palcos europeus. Isso aconteceu nos anos 1800, muito antes da era de Hollywood. Ele seria, hoje, uma celebridade, aparecendo sempre em programas de entrevistas e em revistas de fofocas.

Um dia, porém, um acontecimento fez com que desaparecesse dos palcos. Ele recebeu, inesperadamente, uma mensagem devastadora. O presidente Abraham Lincoln havia sido assassinado. Isso já seria mau o suficiente. Mas, o pior era o nome do assassino: John Wilkes Booth.

O assassino era o irmão de Edwin.

O ator ficou chocado e totalmente arruinado. Não poderia mais subir em um palco. Mergulhou em uma vida sombria e depressiva que tornou-se cada vez mais lastimável, e seus fãs, antes tão entusiásticos, começaram a esquecê-lo.

Depois de alguns anos miseráveis, ele estava, um dia, esperando pelo trem em uma plataforma lotada de uma estação em Nova Jersey. De repente, ouviu-se um grito próximo dali. Ele viu um jovem bem vestido caindo na linha do trem, talvez empurrado pela multidão. Um trem se aproximava, veloz.

Edwin reagiu instintivamente: abriu caminho entre as pessoas e, segurando-se com uma das mãos a uma grade, esticou-se para baixo para agarrar o jovem. Conseguiu alcançá-lo e puxá-lo de volta, ileso, para a plataforma. O próprio Booth quase foi atingido pelo trem.

Pouco tempo depois, recebeu uma carta do famoso general Ulysses S. Grant. Ela fez com que Edwin conseguisse colocar sua vida de novo em ordem e possibilitou seu retorno aos palcos e à vida de ator. Enquanto viveu, ele carregou a carta em seu bolso.

Era uma carta de agradecimento do general Grant, e também transmitia a gratidão da mãe do jovem por ter salvado a vida de Robert Todd Lincoln.

Robert era o filho de Mary e Abraham Lincoln.

Edwin Booth havia salvado a vida do filho do homem assassinado por seu irmão.

O homem do cartão postal

O falecido pianista Charlie Norman é uma das lendas da história do jazz sueco. Ele contou-me o seguinte episódio, achando ainda muita graça da situação, alguns meses antes de seu falecimento.

Em 1956, Charlie encontrava-se em Honolulu com sua banda. Estavam se apresentando com o grupo vocal norte-americano Delta Rhythm Boys, que tinha se tornado extremamente popular na Suécia e realizado várias turnês pelo país. Suas versões das velhas canções folclóricas suecas, cantadas em um sueco rudimentar, ainda permanecem vivas na memória de muitas pessoas mais velhas.

Naquela época, a televisão era uma invenção moderna, presente apenas em poucos lares; nas noites de sábado, muitas vezes, a vizinhança se reunia na casa do proprietário afortunado para contemplar esse milagre. Havia apenas um canal transmitindo em preto e branco todas as noites, durante poucas horas.

Charlie Norman e seu grupo, muitas vezes, acompanhavam os belos rapazes do Delta Rhythm Boys. Eram convidados frequentes na televisão e tornaram-se muitíssimo populares entre o público sueco, que naquela época era, ainda, bastante homogêneo e, talvez, um pouco isolado. Meu pai era um fã entusiástico. Ele mesmo já havia cantado com um quarteto e admirava a forma pela qual utilizavam seus recursos vocais.

O próprio Charlie foi um dos primeiros do mundo do jazz pelos quais demonstrei minha predileção. Ele introduziu o *boogie-woogie* na Suécia deixando desgostosos os puritanos culturais com sua versão *boogie-woogie* de "A dança de Anitra", composta por Grieg. Eu a adorei e tentei, como um louco, aprender a tocá-la no piano. Não fui muito bem-sucedido.

Charlie também era o apresentador de um dos poucos programas semanais de jazz na mais eminente estação de rádio. Foi, provavelmente, o primeiro programa genuíno de rádio na Suécia a ter um apresentador que o conduzia com músicas gravadas – o formato no qual alguém conversa com os ouvintes e reproduz músicas. Ele era também muito engraçado e tocava o tipo de música que nós, estudantes, mais gostávamos, ainda que muitas pessoas mais velhas expressassem desagrado por aquele "barulho". Ficávamos colados ao rádio naquelas noites sagradas em que seu programa *The night owl* (O notívago) ia ao ar.

Desta vez, o trabalho conjunto de Charlie Norman com o grupo Delta Rhythm Boys havia resultado em uma turnê que os levou à distante Honolulu. Isso aconteceu bem antes da época dos voos fretados. Os suecos ainda não tinham se tornado pessoas acostumadas a viajar, ainda não ficavam entediados com as viagens ou sentiam-se à vontade em várias partes do mundo. Poucos haviam visitado Honolulu.

Essa era uma missão invejável e incomum para um grupo de jazz sueco. Por isso, Charlie e seus músicos queriam mandar alguns cartões postais para a família e os amigos. Era o mínimo que poderiam fazer, pensavam eles, estando do outro lado do mundo, divertindo-se ao sol.

Encontraram uma pequena loja que possuía cartões postais expostos. Um chinês, pequeno e amigável, estava atrás do balcão. Quando os ouviu falando uma língua estrangeira, perguntou de onde eram.

"Da Suécia", responderam. Naqueles dias, as pessoas do exterior não sabiam muito sobre esse pequeno país, situado em um canto distante do mundo. Era bem provável que você ouvisse um comentário do tipo "Vocês fabricam relógios muito bons". Havia dificuldade para se diferenciar a Suécia da Suíça.

"Ah, da Suécia!", falou ele, em alto e bom tom. Surpreendendo a todos, ele ficou entusiasmado e correu para um pequeno cômodo que ficava atrás do balcão. "Ei, esse homenzinho conhece a Suécia", pensaram, quase orgulhosos. Quando voltou, ele balançava freneticamente em suas mãos dois discos, daqueles antigos e rígidos, já que os LPs ainda não estavam no mercado.

"Preciso mostrar algo a vocês," gritou ele.

Acabamos sabendo que era um grande entusiasta do jazz e um colecionador de discos. Os dois discos que havia trazido eram gravações suecas de Lars Gullin, o compositor e saxofonista barítono, um dos maiores ícones do jazz da Suécia. Aquele chinês era um profundo conhecedor e começou a falar sem parar sobre a música de excelente qualidade criada por Lars Gullin.

Ele colocou um dos discos para tocar. Ficou entusiasmado, em especial, com o fabuloso guitarrista que tocava com Gullin. Quando um solo de guitarra começou, o chinês fixou os olhos no toca discos, como que hipnotizado, e gritou: "Ele é incrível, ele é fabuloso! Ouçam!" Ele se movia acompanhando o ritmo, fechando os olhos e mergulhando no esplendor da música. Era como se estivesse em contato direto com o divino. "Ouçam isto!", gritava, em alguns trechos particularmente belos da música. "Ouçam! Oh, ele não é maravilhoso? Seu nome é Rolf Berg. Já ouviram falar nele?"

Todos deram uma risadinha e Charlie apontou: "Ele está logo ali".

Rolf Berg era um dos membros do grupo de Charlie.

O chinês ficou boquiaberto. Parecia prestes a desmaiar. Então, recompondo-se, correu em volta do balcão e, com lágrimas nos olhos, abraçou Rolf Berg, gritando: "Foi a mão de Deus! Foi a mão de Deus!"

Bom, pelo menos foi uma pequena e bela amostra de sincronicidade.

Charlie contou-me, também, outro episódio engraçado que ele havia ouvido sobre o maestro Gunnar Lundén-Welden. Isso aconteceu nos anos 1930, quando Lundén-Welden estava em turnê com sua orquestra na Suécia ocidental. Ele mesmo estava dirigindo o ônibus da turnê e levava cinco músicos como passageiros. As estradas de terra eram comuns naquela época e ainda se dirigia na pista da esquerda.

De repente, o ônibus chegou muito perto da beira da estrada e as rodas da esquerda começaram a derrapar nos pedregulhos. Os poucos segundos nos quais o ônibus parecia estar perdendo o equilíbrio foram longos e angustiantes. Todos ficaram amedrontados, pensando que ele fosse tombar.

No final, Lundén-Welden conseguiu, de alguma forma, evitar a queda na vala e trazer o ônibus para a estrada de novo. O silêncio no ônibus era total. Ninguém disse: "Essa foi por pouco!" ou "Droga, que susto!" ou "Que tipo de besteira você fez nessa direção?" Ninguém lamentou, ou choramingou, ou suspirou de alívio. Todos permaneceram em silêncio absoluto.

De repente, os cinco músicos começaram a cantar *If you knew Susie like I know Susie* (Se você conhecesse Susie como eu conheço Susie), exatamente no mesmo momento e no mesmo tom.

Ninguém foi capaz de explicar por quê.

capítulo

11

Os campos mórficos

Se uma ideia não parece bizarra a princípio,
não há razões para depositarmos nela nossas esperanças.
Niels Bohr

Rupert Sheldrake, um bioquímico britânico e especialista em Biologia Celular, apresentou uma teoria que foi denominada de *campos mórficos,* que está sendo alvo de um interesse crescente. Ele afirma que cada consciência individual é um campo de energia conectado ao cérebro, mas que alcança muito além dele. Os campos de energia das pessoas formam, juntos, um campo mais vasto e coletivo que ele chama de *campo morfogenético* (do grego *morphe* = forma, e *genesis* = formação dos seres).

Cada espécie de vida possui seu próprio e específico campo morfogenético. Nosso *poodle* tem seu campo de cachorro, o grande carvalho perto do portão possui seu campo de carvalho e o mosquito que me picou no último verão possuía seu campo de mosquito.

Quando Sheldrake trabalhava como pesquisador na Universidade de Cambridge, estudando o desenvolvimento das plantas, convenceu-se de que todos os seres vivos são organizados por campos de energia. Como poderia um embrião minúsculo, no interior de uma semente, tornar-se um pinheiro, ou uma margarida, ou uma framboeseira? O que confere às folhas, flores e frutos sua forma específica?

A explicação materialista é que o desenvolvimento de uma planta, um animal ou um ser humano segue as instruções programadas geneticamente. Essa é, porém, apenas parte da verdade. O problema é que, na maioria das vezes, tais instruções referem-se a como posicionar os vários elementos fundamentais juntos, na ordem correta. Os genes garantem que os aminoácidos criem as proteínas certas no tempo correto, no lugar exato. No entanto, como isso pode explicar a forma de uma rosa ou a estrutura de um porco-espinho? Como pode explicar que você seja você?

Uma casa não se torna uma casa só porque os pedreiros dispuseram as tábuas e o concreto na ordem correta. Precisa haver uma ideia, uma informação sobre a forma e o aspecto da casa e como ela deva funcionar. Precisa existir um projeto arquitetônico.

O campo morfogenético é esse projeto. Ele contém a informação que determinou como o ovo fertilizado deveria se transformar naquilo que você é hoje. Seu campo continha a informação necessária não apenas para que os genes começassem o trabalho de construção, mas também para dizer a eles *como* deveriam fazer para criar esse ser único e específico que é você. O projeto de sua existência já existia no campo humano mais vasto. E ainda existe.

Sabe-se que os átomos, a matéria física da qual nossos corpos são compostos, são substituídos no decorrer de dois anos. De acordo com o médico e pesquisador indiano Deepak Chopra, foram realizados estudos com radioisótopos que revelaram que os átomos da parte interna de nosso estômago são substituídos em cinco dias, no fígado o processo dura cinco semanas, nos ossos três meses, e assim por diante. Dessa forma, não somos de fato as estátuas móveis que pensávamos ser, mas sim um rio que possui a mesma forma todos os dias, mas cujo conteúdo nunca é o mesmo.

Os átomos já utilizados nos deixam quando expiramos. Cada expiração contém um número enorme desses átomos usados. E novos entram em nosso corpo por meio de nossa alimentação e respiração. O que é que faz, então, com que os novos átomos acabem indo para o lugar certo, de forma que eu me reconheça no espelho todas as manhãs? (Pelo menos, na maioria das manhãs!) É o projeto, o campo, meu próprio *campo mórfico* pessoal, que é uma parte do campo mais vasto, o campo *morfogenético* humano.

Entretanto, não é apenas nossa forma física que possui seu esboço fundamental no campo. Nossa consciência também é parte dele, segundo Sheldrake: "Por meio da atenção e das intenções, nossa mente expande-se no mundo que está além de nosso corpo."

A ideia de que nossas intenções devam ser capazes de influenciar o campo torna-se em especial interessante em relação à sincronicidade. Sheldrake revela que nossas necessidades, vontades, desejos, afetos, objetos aversivos, obrigações, ambições e outras ideias carregadas emocionalmente transformam-se em intenções que passam a vibrar no campo. Será que, de modo consciente ou inconsciente, poderíamos enviar sinais para o universo, para o campo e, em resposta, o campo estabeleceria e organizaria eventos que influenciariam nossas vidas, resolveriam problemas ou apontariam soluções? Em outras palavras, criaria as sincronicidades?

Sheldrake usa uma forma simples de vida como uma metáfora: uma ameba, que é constituída por apenas uma célula, a *Amoebia proteus.* Ela recebeu esse nome em função do deus grego dos mares, Proteu, que podia mudar sua forma. É exatamente isso que essa pequena ameba faz. Ela pode, por exemplo, viver em uma represa na qual se alimenta de bactérias. Ao deslocar-se em busca de algo interessante para o almoço, ela muda sua forma. Seu corpo pode tornar-se saliente em um dos lados e retrair-se do outro. Ela pode esticar-se a uma distância considerável em qualquer direção sendo, às vezes, redonda, outras vezes, comprida e estreita. As protuberâncias que projeta no mundo ao seu redor são denominadas *pseudopodia* – também uma palavra proveniente do grego que significa *pés falsos*.

As células sanguíneas brancas em nosso sistema imunológico funcionam da mesma forma. Espalham-se em nosso sangue circulante, em guarda, procurando bactérias ou outros intrusos que não deveriam estar lá. Quando identificam um inimigo, mudam sua forma, abraçando-o e apertando-o com seu corpo todo. Em pouco tempo, o intruso é eliminado.

Existem exemplos até mais estranhos de comportamentos similares aos da ameba em nosso corpo. Algumas de nossas células cerebrais podem estender pseudópodes bastante longos para enviar sinais e estabelecer uma comunicação com o meio que as cerca. São chamadas de axônios. As células nervosas, em particular as da medula espinhal, podem enviar axônios de até um metro de comprimento. Nada mal para uma pequena célula que você quase não consegue enxergar a olho nu.

Segundo Sheldrake, não é por acaso que a mente possui suas raízes no cérebro, que é, por si só, uma rede de conexões de células nervosas, com axônios similares a pseudópodes, alcançando muito além das células. Ele supõe que a mente funcione da mesma forma.

Nossas *intenções* transformam-se em espécies de axônios de energia e informação que estão sendo enviados ao mundo, ou mais exatamente, ao campo ao nosso redor. Elas estão em um mar gigantesco que contém outras energias e informações e quem sabe o que são capazes criar por lá? E quem sabe como isso pode, por sua vez, influenciar o que acontece em nossas vidas, na matéria, no espaço e no tempo?

Não parece ser também outra peça do quebra-cabeça, um fragmento da grande figura que, por fim, revelará a verdadeira natureza da sincronicidade?

*Basin Street Blues**

Durante uma semana, participei de um seminário sobre jazz realizado na bela ilha de Visingö. Meu grupo foi liderado pelo grande trombonista Bertil Strandberg. Podemos mencionar, como parte de suas qualificações, os quatro anos em que participou da famosa banda Artie Shaw Big Band, nos Estados Unidos, e vários anos com a orquestra German Radio Orchestra, em Stuttgart.

Estávamos ensaiando para um concerto que seria apresentado à noite e, naquele momento, íamos começar a trabalhar mais uma vez com o velho clássico *Basin Street Blues*, em um arranjo recém-composto e modernizado por Bertil.

Esperávamos que Bertil estabelecesse o ritmo. Em meio ao silêncio de nossa concentração, ouviu-se um grito inesperado do trompetista Arne Lingenstrand: "Droga! Onde estão minhas partituras?" Ele folheou freneticamente os papéis que estavam no seu suporte, que serviria de apoio às oito músicas que deveríamos tocar no concerto. "Não consigo achar *Basin Street Blues*! Alguém viu minhas partituras? Droga, elas sumiram!"

O eco de sua voz mal havia desaparecido quando a porta se abriu e a vocalista da banda, Lena, entrou no recinto.

* *Basin Street Blues* é uma música composta por Spencer Willians em 1926 e gravada por Louis Armstrong em 1928. A letra descreve a vida noturna de Basin Street, uma rua do extinto bairro de Storyville, em Nova Orleans, Estados Unidos. (N.T.)

Bertil, de brincadeira, perguntou a ela: "Você viu as partituras de *Basic Street Blues* do Arne?" Todos riram.

Lena não percebeu qual era a graça. Olhou para Bertil com uma expressão interrogativa e, então, para alguns papéis que segurava nas mãos.

"São essas?", disse ela, e mostrou-as ao Bertil. Ele olhou e levantou as sobrancelhas. "Sim, são essas!"

Lena não entendeu o alvoroço na banda. Ela não sabia sobre o apuro de Arne e que sua salvação seria exatamente o que tinha em suas mãos. Ela não sabia que havia entrado na sala apenas alguns segundos depois dele ter gritado: "Droga! Onde estão minhas partituras?"

Ela olhou, confusa, para os músicos sorridentes. "Não sabia que folhas eram essas. Alguém achou algumas partituras e as entregou para mim dizendo que, provavelmente, pertenciam ao nosso grupo. Nem sequer olhei para elas."

Qual é a probabilidade estatística desse acontecimento?

Várias circunstâncias precisariam penetrar nos caminhos sinuosos do tempo e do espaço para convergir nesse exato momento, criando, assim, uma coincidência significativa. Talvez não tenha sido um evento grandioso, que traga consequências para a vida toda, ainda que bastante improvável, mas solucionou, de imediato, um problema preocupante. Não apenas para o trompetista, mas para todo o grupo. Sem aquela pequena sincronicidade, não teríamos sido capazes de tocar *Basin Street Blues,* na qual havíamos empenhado nossos esforços.

As sincronicidades não estão sempre relacionadas a assuntos grandiosos e importantes da vida. Às vezes, podem ser coisas pequenas e engraçadas. O universo tem senso de humor.

No entanto, até mesmo uma pequena e simples coincidência pode demonstrar ser resultante de uma gama de circunstâncias bastante intrincada que, de algum modo, precisam estar todas conectadas.

Se você tentar olhar mais de perto para esse pequeno incidente e destrinchá-lo, verá quantos fatores diferentes tiveram de estabelecer uma ação recíproca. Vamos chamar o momento no qual Lena entrou de Momento X. Um momento exato no tempo, que se torna também o ponto central e fundamental em uma espécie de teia de aranha de eventos diferentes e independentes, todos necessários para que o verdadeiro problema seja solucionado. Todos precisam ser, também, coordenados com perfeição. Aqui estão apenas alguns deles:

1. Bertil decide compor um arranjo especial para *Basin Street Blues* para o grupo de jazz que deve liderar durante o seminário.
2. Dentre todos os milhares de minutos disponíveis durante a semana do seminário, ele decide ensaiá-la poucos minutos antes do Momento X.
3. Em meio a uma teia de causas e efeitos, Arne Lingenstrand é selecionado para tocar trompete no grupo de Bertil Strandberg.
4. Outra teia de causas e efeitos faz com que coloque suas partituras, por engano, em algum lugar dentro da área do campus.
5. Ele descobre a perda segundos antes do Momento X.
6. Uma série totalmente diferente de causas e efeitos leva outra pessoa, talvez uma hora antes do Momento X, a encontrar algumas partituras espalhadas em algum lugar. A pessoa as recolhe e verifica serem as partituras de *Basin Street Blues.*
7. Ainda em meio a outra teia de causas e efeitos, a pessoa, por alguma razão, toma conhecimento de que ela faz parte do repertório do grupo de Strandberg.

8. A pessoa, ainda em meio a mais uma teia de causas e efeitos, encontra-se em um ponto específico no espaço, dentro da área bastante ampla do campus, poucos minutos antes do Momento X. Chamemos esse local de Ponto Y.
9. Enquanto isso, Lena, em meio à sua própria teia de causas e efeitos, perambula pela área, de modo que, no mesmo instante, também está no Ponto Y.
10. A pessoa que encontrou as partituras vê Lena, sabe que ela canta no grupo de Strandberg, e sente um impulso para entregar a ela as partituras.
11. Lena pega as partituras. Sem olhá-las com mais atenção, as traz consigo, já que está a caminho da sala de ensaios.
12. Dois segundos antes do Momento X, Arne descobre que perdeu as partituras e grita: "Droga! Onde estão minhas partituras?"
13. Exatamente no Momento X, dois segundos depois, Lena abre a porta e o problema está resolvido, quase no mesmo instante em que aconteceu. Uma pequena e providencial sincronicidade no curso do tempo, como um biscoito que, estranhamente, já estivesse no forno antes que o problema tivesse aparecido e ficasse pronto no momento certo.

Para um físico quântico, o fato de que o tempo possa correr de trás para frente não é uma noção absurda, bem como a noção de que um efeito possa ocorrer antes de sua causa. É, porém, estranho para todos nós que estamos acostumados a pensar no tempo como uma flecha que se move em uma linha reta, proveniente do passado, passando pelo presente, em direção ao futuro. Não creio que o Campo esteja preocupado com isso.

capítulo

12

A grande questão

Por que o universo existe? Por que tudo existe?
Não seria mais lógico que nada existisse?
Friedrich von Schnelling

Estamos tão acostumados aos carros, casas, montanhas, árvores, pessoas, animais, impostos e aparelhos de televisão que nos rodeiam, e tudo o mais que podemos ver, tocar ou manejar, que aceitamos, sem discutir, o fato de que tudo existe. É simplesmente natural. É assim que as coisas são. Seria, porém, tão natural? Por que tudo existe? E por que os seres humanos existem?

Uma coisa é certa: não existe uma resposta para essas perguntas. Podemos apenas especular. Parece que, nesse universo, os opostos necessitam uns dos outros, como um pré-requisito. O longo não pode existir sem o curto, o claro não pode existir sem o escuro, o grande não pode existir sem o pequeno e assim por diante. Tudo é o que é em relação ao seu próprio oposto.

Dessa forma, torna-se óbvio que Nada pode existir sem Alguma coisa.

Algo precisa, simplesmente, existir.

Há pouco tempo, os astrônomos descobriram que até o imenso vazio do espaço não é tão vazio assim. Eles observaram a existência de enormes quantidades de algo denominado "matéria escura". Não estão muito certos do que seja, apenas que parece existir mais matéria escura do que todas as outras matérias conhecidas nas galáxias, estrelas e planetas como um todo. O nome "matéria escura" deriva do fato de que ainda estamos no escuro sobre o que é, ainda não fomos "iluminados" em relação a ela.

Como se não bastasse, recentemente descobriu-se, também, que o universo é permeado por algo até mais estranho, algo denominado "energia escura". Sabe-se menos ainda sobre o que ela seja, apenas que existe.

Alguns cosmologistas chegaram à conclusão de que conhecemos apenas 4% do que existe no universo. Os 96% restantes são desconhecidos. Em um mundo como esse, como podemos estar certos sobre alguma coisa? Existem, definitivamente, algumas grandes surpresas esperando por nós.

Há cerca de cem anos, as pessoas estavam convencidas de que todos os mistérios do universo logo seriam resolvidos. Bastaria que déssemos à Ciência um pouco mais de tempo e, então, possuiríamos o conhecimento. O universo era encarado como uma grande máquina, similar a um relógio, e tínhamos apenas que descobrir como funcionava.

Agora que atingimos distâncias remotas no espaço, a trama se complica. As imagens obtidas pelo telescópio Hubble, bem como outras observações, propõem mais perguntas do que respostas. O astrônomo britânico James Jeans afirmou que o universo pareceria cada vez menos com uma grande máquina, e cada vez mais com um grande pensamento.

Esse grande pensamento parece ser capaz de criar e destruir constantemente a matéria, em uma dança cósmica desenfreada. Não ficaria surpreso se ele também estivesse se divertindo muito com isso. Apenas observe todas as coisas estranhas que criou aqui na Terra.

A natureza está repleta de criaturas surpreendentes – peixes com suas próprias varas de pescar para pegarem outros peixes, flores disfarçadas de insetos para serem polinizadas, insetos disfarçados de folhas ou galhos para ludibriar seus inimigos.

Uma das mais interessantes é um besouro conhecido como besouro bombardeiro (*Brachinus crepitans*), já que possui algo similar a um canhão em sua parte traseira. Com essa "arma", ele pode atirar em inimigos que o atacam. De fato, ele cria verdadeiras explosões a uma temperatura de cerca de 100 graus Celsius. Elas até soam e lançam fumaça como uma explosão.

Essa arma do besouro é uma estrutura bastante avançada, que possui recipientes para as substâncias químicas, glândulas especiais que produzem hidroquinona, peróxido de hidrogênio e certas enzimas necessárias para a criação dos explosivos. Existe um compartimento de explosão com uma abertura externa e uma série completa de músculos e nervos criados para a mira e o controle.

Quando está prestes a disparar, ele mistura rapidamente as duas substâncias químicas no compartimento de explosão, sendo cada uma delas, por si só, bastante perigosa para o besouro.

Então, ele acrescenta as enzimas necessárias, ao mesmo tempo em que aponta a arma para o inimigo e bum! Lá vai a explosão. Nada mau para um pequeno besouro. Um mínimo erro em uma das etapas preparatórias e o besouro explodiria em pedaços.

Como pode existir uma criatura como essa? Como poderia uma coincidência sem propósito ter criado esse complicado sistema de defesa? Além disso, deve existir alguma forma de consciência, ou ao menos um instinto, que possa coordenar com perfeição todas as diferentes etapas para que o canhão funcione. É difícil imaginar que tudo isso teria sido possível sem que existisse algum tipo de intenção em sua origem. E, nesse caso, de onde veio tal intenção e como ela criou uma peça de artilharia na traseira de um besouro?

Outra criatura estranha, uma das mais estranhas, é conhecida como mixomiceto (*Physarum polycephalum*). A ciência não sabe ao certo como categorizá-lo. Não é um fungo, nem uma planta ou animal, mas parece representar cada um desses papéis em situações diferentes. O que ele é depende de quando e onde você o observa. A definição mais precisa até o momento o situa em uma categoria denominada *protistas*, organismos que ninguém sabe como descrever de forma mais avançada.

A princípio, o mixomiceto é uma pequena e única célula. Ele começa a crescer e transforma-se em uma ameba, com a extraordinária habilidade de arrastar-se por toda parte. Quando encontra outra ameba, a atração é imediata. No entanto, elas não estão prestes a fazer amor e gerar uma amebinha fofa, a mais miudinha das amebas. Não, as duas, agora, tornam-se uma. Elas unem seus corpos em uma ameba maior que continua crescendo e, por fim, transforma-se em um organismo grande e viscoso que se arrasta pela floresta à procura de insetos mortos e outras guloseimas. Neste estágio, recebe o nome de *plasmódio*. Quando encontra uma deliciosa formiga, rapidamente desenvolve um ou dois braços que se esticam para abraçá-la e, dentro de pouco tempo, a formiga já era.

Pesquisadores japoneses descobriram que ele pode, até mesmo, orientar-se em um labirinto. Ele emite seus braços em diversas direções para sentir onde existe uma passagem aberta. Dessa forma, parece possuir um tipo rudimentar de inteligência.

Quando já se empanturrou de insetos mortos e está satisfeito, procura por um bom local seco na floresta, enrola-se e começa a secar. Então, passam a nascer dele pequenos talos flexíveis, com uma espécie de fruta na extremidade. Quando as frutas estão maduras, surgem minúsculos esporos e tem início um novo ciclo de vida.

Assim, esse estranho ser age, primeiro, como um fungo, depois como um animal e, então, como uma planta. Não é de se estranhar que os cientistas estejam coçando suas cabeças, intrigados.

Porém, talvez o fato mais estranho de todos seja o de que ele exista em duas formas de vida opostas: primeiro, como um único organismo e, então, como vários indivíduos separados – cada indivíduo incorporando o potencial para uma totalidade maior e cada totalidade incorporando o potencial para vários indivíduos separados.

Sem querer fazer comparações (mesmo que haja pessoas que, às vezes, evidenciem certas similaridades com um plasmódio), e se a mente humana tiver características semelhantes? E se ela também contiver o potencial para uma consciência coletiva maior que, por sua vez, contenha o potencial para várias mentes individuais? Da mesma forma que a onda é uma parte do oceano e o oceano é uma parte da onda. Talvez, cada um de nós seja parte do Campo e o Campo seja uma parte de nós.

Se o Campo é independente de tempo e espaço e criou os humanos, besouros bombardeiros, mixomicetos e milhões de outras coisas estranhas nessa Terra, por que, então, não deveria ser capaz de criar eventos significativos como as sincronicidades?

Toda a nossa existência é sincronística. O *Big Bang* (A Grande Explosão) se é que, de fato, ocorreu, foi uma sincronicidade. Se ela não tivesse acontecido quando aconteceu, naquela fração de segundo, o universo seria muito diferente.

Sua própria existência é resultado da sincronicidade. Se aquele determinado espermatozoide, dentre milhões de candidatos, naquela ocasião específica, não tivesse vencido a corrida até o óvulo de sua mãe, você seria uma pessoa completamente diferente.

Talvez, o fato de você estar lendo este livro, neste exato momento, também seja uma sincronicidade, uma coincidência significativa.

Ela é, de qualquer forma, muito significativa para mim. Obrigado.

O triângulo das Bermudas

Per Ohlson é um jovem amável que, recentemente, concluiu doutorado em Biologia na Universidade de Estocolmo. Sua instituição possuía um sistema de orientadores externos para os alunos, e seu professor, Carl Folke, pediu-me que fosse o orientador do Per. Isso acabou resultando em uma série de conversas interessantes que aconteceram até o final de seu doutorado, em 2003.

No ano anterior ao seu exame, Per e sua esposa americana Amy iriam fazer uma viagem de férias a Portugal. Eles não queriam, simplesmente, ficar estirados, fritando ao sol, em uma praia de turistas. Queriam vivenciar o verdadeiro Portugal, longe das áreas de turismo que costumam ser muito parecidas, seja qual for o local do mundo em que você se encontre.

Após algumas buscas, encontraram uma pequena casa que poderiam alugar em um povoado distante, no alto das montanhas, a leste do Porto.

Eles apreciaram o ar puro, a bonita paisagem e os moradores amistosos do local. Por fim, encontraram a única pessoa do vilarejo que também não era de nacionalidade portuguesa – um negociante de antiguidades britânico chamado Colin Cook. Colin tinha uma casa de veraneio no povoado, e a visitava com a frequência possível.

Na noite anterior à sua volta para casa, eles convidaram Colin para jantar. Durante a conversa, Colin contou-lhes que apreciava jazz e gostava de tocar bateria. Disse, também, que era proveniente de Bermuda, colônia da coroa britânica.

"Puxa, que coincidência", disse Per. "Eu estava lendo exatamente sobre Bermuda."

Per levara meu livro autobiográfico *Reklown*,* e tinha acabado de ler o capítulo sobre os anos que passei em Bermuda.

"Tenho um amigo que viveu em Bermuda nos anos 1960", continuou Per, "e ele escreveu sobre isso em um livro que estou lendo agora. Li a respeito desse assunto justamente esta manhã."

Colin lembrou-se de que havia um sueco lá naquela época. Pode não ser tão estranho quanto parece, considerando que a população local de Bermuda é inferior a 70 mil pessoas e 75% são negros. Não havia muitos habitantes brancos em Bermuda nos anos 1960, na época, uma sociedade bastante segregada. Eram, em sua maioria, ingleses, o tipo de inglês que você sempre encontra nas colônias, norte-americanos trabalhando na base da força aérea de Kindly Field, um punhado de alemães no ramo de restaurantes, e um jovem sueco trabalhando no aeroporto.

"Qual era o nome dele?", perguntou Colin.

"Jan Cederquist."

"Ah, sim, eu me lembro. Na verdade, eu toquei com ele. Participamos juntos de algumas sessões de jazz. Ele tocava piano."

"Não, Jan toca contrabaixo", disse Per.

"Mas lembro claramente que ele tocava piano."

Colin vasculhou sua memória e ficou cada vez mais certo de que estava com a razão. O sueco tocava piano. Eles não conseguiram entrar em acordo, mas ambos estavam certos. De fato, hoje em dia, toco contrabaixo, mas naquela época eu tocava piano e, de vez em quando, participava de sessões de jazz

* O título do livro é um jogo de palavras, no idioma sueco, entre "reklam" (propaganda) e "clown" (palhaço). Em seu subtítulo, o livro refere-se aos "30 anos no picadeiro da publicidade", uma alusão à experiência do autor na área da propaganda. (N.T.)

com pessoas com as quais tinha afinidade. O jazz fazia muito sucesso nos anos 1960.

Per pegou o livro e leu os nomes de vários dos velhos amigos de Bermuda que eu havia mencionado e Colin conhecia a todos. Ele estava muito mais atualizado do que eu sobre seus destinos e aventuras na vida.

Fico tentando imaginar qual seria a probabilidade estatística de que Amy e Per acabassem viajando especificamente para aquele povoado, dentre todos os povoados da zona rural de Portugal? E de que Colin Cook estivesse lá exatamente nas mesmas duas semanas; e de que se encontrassem; de que ele fosse de Bermuda; de que Per tivesse acabado de ler o capítulo sobre Bermuda; e de que Colin e eu tivéssemos, na verdade, tocado juntos?

Não que eu encontre um sentido especial nisso, nem alguma relação com uma intenção ou necessidade consciente. Mas, de fato, creio que seja uma pequena coincidência, bastante extraordinária.

O homem da Ikea[*]

Catherine e eu estávamos na Ikea para comprar alguns utensílios de cozinha para nossa nova casa de veraneio. Em determinadas situações, como quando está prestes a mudar para uma casa nova ou constituindo um novo lar, você percebe a quantidade de objetos que normalmente estão à sua volta. Nosso carrinho estava ficando cheio bem depressa. Quando nos dirigimos ao elevador para descermos até a área dos caixas, estava lotado.

* Ikea é uma grande rede de lojas de origem sueca especializada na venda de móveis e utensílios domésticos. (N.T.)

Logo que entramos no elevador, uma figura de aparência um tanto desagradável entrou também, espremendo-se com seu carrinho. Ele era grande e corpulento, com uma barba preta e um corte de cabelo estilo jogador de hóquei – curto na frente e longo no pescoço. Não parecia um homem bem intencionado. Tentei não ser preconceituoso, julgando-o por sua aparência, mas não pude deixar de sentir que esse homem, provavelmente, era perigoso. Estava convencido de que estávamos dividindo um elevador com um cruel matador profissional, proveniente do mundo do crime.

Catherine e eu ficamos pouco à vontade e sentimos um grande alívio quando ele saiu do elevador rumo à área dos caixas. Corremos o máximo que o carrinho nos permitiu para chegar logo a uma das filas do caixa. Parecia tão mais seguro ter mais gente por perto... Então, vimos quem estava logo atrás de nós, na mesma fila: o cara com cabelo de jogador de hóquei, o matador!

Por que ele tinha escolhido nossa fila? Havia, pelo menos, outras dez para que ele escolhesse. E por que havia escolhido o mesmo elevador? Que más intenções estariam ocultas por trás daquele rosto sinistro? E por que havia nos escolhido? Nossa sensação de desconforto ficou mais intensa. Porém, o que ele poderia fazer em um lugar como esse, repleto de tantas pessoas? Será que iria agir e nos roubar no carro, no estacionamento? Minhas fantasias, quase paranoides, correram soltas, desenfreadas. Para obter algum controle, olhei, devagar, ao redor, tomando cuidado para não encará-lo, apenas olhá-lo como por acaso, de relance.

Ele sorriu. Ele sorriu mesmo para mim! Senti calafrios descendo por minha espinha. O homem ficou lá com um sorriso sádico, do tipo "me aguarde". Isso era pior do que um filme de terror – era real. Catherine e eu não podíamos falar a respeito porque ele estava próximo demais, mas nosso contato visual foi suficiente para que nos comunicássemos. Tínhamos a mesma sensação.

Comecei a considerar as diversas opções. Onde ele agiria? Deveria estar armado, mas mesmo que não estivesse, eu não teria nenhuma chance contra esse gorila. Minha insignificante faixa laranja no *jiu-jítsu* não seria um grande trunfo contra um matador treinado de mais de 130 quilos.

"Isso é loucura", pensei. "Não pode estar acontecendo. Aqui estamos, fazendo nossas compras na Ikea tranquilamente e, de forma inesperada, somos expostos a uma terrível ameaça como essa." Catherine e eu trocamos olhares atemorizados. O desconforto tornou-se ainda mais intenso. A simples presença dele impregnava o local com más vibrações.

Logo chegou nossa vez no caixa. Pusemos as peças, uma a uma, na esteira rolante e a moça registrou os preços.

"Quatro mil e duzentos", disse ela. Tirei minha carteira com todo cuidado, tentando escondê-la dos olhos do matador, e entreguei meu Eurocard.

"Não aceitamos esses cartões."

"O quê? Vocês não aceitam o Eurocard?"

"Não, só cartões Ikea ou dinheiro."

Eu tinha apenas uma nota de cem na carteira. Catherine tinha duas. Por um instante, esqueci do perigo logo atrás de nós. O problema inesperado com o dinheiro que estávamos enfrentando era sério demais. O que fazer? Devolver todos os objetos e voltar depois para fazer uma nova jornada de compras como aquela não era uma opção muito atraente. Eu estava bastante perturbado em relação a essa atitude arrogante (em minha opinião) da parte da Ikea. Minha frustração devia estar bem evidente quando disse: "Toda porcaria de lojinha na cidade aceita o Eurocard. Por que vocês não aceitam?"

"Eu não criei as regras. Só cumpro ordens", disse a moça do caixa, com uma voz bastante cansada."

Ali estávamos, procurando desesperadamente por uma solução. De repente, ouvimos uma voz grave atrás de nós: "Precisam de grana?"

Virei para trás. Era o gorila! Gaguejando, tentei explicar algo, sentindo-me confuso.

"De quanto vocês precisam?" Ele puxou um envelope cheio do bolso interno de seu paletó. Estava, agora, consternado, mas tinha de responder. Minha voz estava falha e hesitante quando gaguejei: "Bom, precisamos de mais ou menos 4 mil dólares."

Ele tirou os 4 mil dólares do envelope e me entregou as notas. "Aqui está o que você precisa."

"Mas... mas... como... preciso devolver o dinheiro a você... precisamos..." Eu soava incoerente e o departamento inteiro da loja girava ao meu redor.

"Você pode resolver isso depois."

Sentindo que aquilo era irreal, dei o dinheiro à moça do caixa com indecisão. Colocamos nossas coisas nas sacolas grandes da Ikea enquanto o matador, calmamente, pagava sua conta. O que aconteceria agora? Eu podia pensar apenas em uma solução. O caixa eletrônico mais próximo era no subúrbio, a poucos quilômetros dali. Eu tinha de chegar lá com rapidez e tirar o dinheiro para devolver. Só esperava que ele aceitasse a ideia.

"Sem problemas. Posso levar você", disse ele. "Meu carro está bem perto daqui."

Tentei protestar. O mínimo que eu poderia fazer era resolver isso sozinho, mas meus protestos foram insatisfatórios e incoerentes. "Vamos no meu carro", disse ele com firmeza e eu não quis discutir o assunto. Catherine teve de esperar com nossas sacolas na Ikea enquanto o gorila e eu saímos para o estacionamento. Tinha esperança de que aquela não fosse a última vez que a estivesse vendo. O carro dele era um grande furgão.

Tentei imaginar quais poderiam ser suas intenções. De qualquer forma, qual seria o significado de toda aquela situação estranha? Não faria nenhum sentido se ele me roubasse e tirasse o dinheiro do caixa eletrônico, já que o conseguiria de qualquer jeito. Será que ele iria pegar o meu cartão e me obrigar a revelar a senha? Será que pegaria também a minha carteira com os outros cartões? Como eu deveria lidar com essa situação maluca?

Enquanto íamos em direção ao quarteirão onde ficava o banco, conversei um pouco sobre o tempo e tentei imaginar quais seriam suas intenções. Porém, não conseguia decifrá-lo.

Chegamos. Saí e caminhei até o caixa eletrônico. O banco havia fechado, mas o caixa estava funcionando. O grandalhão ficou esperando no furgão. Havia um limite diário de saque que era, exatamente, 4 mil dólares. Dessa forma, tudo o que eu tinha em minha carteira agora eram 4.100. Quando voltei ao carro, dei a ele o dinheiro todo. Falei que os cem adicionais correspondiam aos juros.

"Não, não precisa", disse ele. Insisti, porém, ainda mais confuso sobre aquele sujeito. Durante nosso caminho de volta à Ikea, não pude resistir e perguntei qual era o seu trabalho.

"Bom", disse ele, "é variado."

Eu podia imaginar muito bem.

Ele, então, acrescentou: "Trabalho principalmente com verduras".

Comecei a perceber a minha estupidez. Pouco a pouco, me dei conta de que minha fantasia toda sobre aquele homem talvez tivesse sido equivocada. Talvez eu tivesse me precipitado ao lhe atribuir certas características; na volta para o estacionamento da Ikea, ele parecia ser uma pessoa muitíssimo gentil e prestativa.

Considerando sua aparência, talvez não seja de estranhar que eu o tivesse avaliado mal. Porém, era de fato estranho que ele estivesse justamente em nossa fila, bem atrás de nós e, na hora exata em que necessitamos do dinheiro, tivesse puxado seu envelope e perguntado de quanto precisávamos. Pode ser que, em alguma ocasião, na fila de um caixa, eu tenha contribuído com alguns reais para alguma senhorinha idosa que estivesse à minha frente e não tivesse todo o dinheiro necessário para a compra. Mas 4 mil!

Apertamos as mãos e agradeci sua ajuda de forma calorosa. Estava claro que os anjos nem sempre têm asas e cabelos loiros. Catherine expressou isso de forma mais satisfatória: "Você é mesmo um verdadeiro anjo. Mas, com certeza, não se parece com um."

Ele deu uma risada festiva de Papai Noel, enquanto caminhava para o seu carro.

capítulo

13

Tudo está conectado a tudo

Pequenas mudanças no estado de consciência de uma pessoa, às vezes, podem levar a grandes mudanças em toda a sociedade.

Peter Russell

Na teoria do caos existe algo conhecido como "efeito borboleta". Isso significa que em um sistema dinâmico e instável, como o sistema meteorológico global, uma perturbação minúscula, em qualquer parte dele, pode levar a grandes mudanças no sistema total. Teoricamente, é possível que uma borboleta que batesse suas asas no Rio pudesse fazer com que chovesse em Newcastle. Pode não ser muito provável, mas é possível.

Quando um sistema meteorológico está em equilíbrio instável, como uma bola de futebol girando na ponta do meu dedo indicador, ele pode se desenvolver em qualquer direção. Um impulso quase imperceptível pode ser um fator decisivo em um resultado, como o bater de asas de uma borboleta.

Isso também vale para a política. Theresa LePore estava trabalhando em um projeto especial em Palm Beach, Flórida, no ano de

2000. Seu trabalho consistia em criar as cédulas que seriam usadas na eleição presidencial entre George W. Bush e Al Gore.

Um pequeno impulso, uma simples ideia bem intencionada na mente da senhora LePore fez com que ela aumentasse o tamanho da tipografia. Ela achou que letras maiores facilitariam a leitura das cédulas de votação para os eleitores, pelo grande número de idosos e aposentados daquela região. Sem dúvida, um pensamento útil e proveitoso, mas ela não considerou um pequeno detalhe. Por alguma razão, ela não previu que o aumento no tamanho das letras levaria a um aumento no tamanho do papel das cédulas. O que antes correspondia a uma página teve de ser remodelado e, agora, correspondia a duas.

Como consequência da ajuda da senhora LePore, 19.120 eleitores democratas ficaram confusos e votaram tanto para Al Gore quanto para Pat Buchanan, outro candidato. Seus votos foram, então, declarados inválidos e acabaram no cesto de lixo.

Um número adicional de 3 mil eleitores cometeram outro engano. Pensaram que tivessem votado em Al Gore, mas, na verdade, haviam votado em Buchanan e, dessa forma, os votos também foram perdidos. Ao todo, em Palm Beach, Al Gore perdeu mais de vinte mil votos de eleitores que pensaram ter votado nele.

Se eles tivessem sido computados, é provável que Al Gore fosse eleito presidente, em vez de George W. Bush. Como isso teria influenciado os destinos do mundo? Aconteceriam guerras no Iraque e no Afeganistão? Permaneceriam vivos os milhares de soldados e cidadãos que morreram naquelas guerras? O Talibã estaria ainda no poder no Afeganistão? Saddam Hussein ainda governaria o Iraque? Estariam todos aqueles que sofreram sua opressão ainda oprimidos?

Nunca saberemos, mas uma coisa é certa: aquela pequena borboleta que esvoaçou na mente da senhora LePore teve uma tremenda influência na história. E aquela cédula foi, então, denominada "cédula borboleta".

Diga isso com música

Eu tinha um sonho impossível: ter aulas de contrabaixo com o baixista norte-americano Red Mitchell, uma das lendas vivas do mundo do jazz. Red havia tocado seu belo contrabaixo com todos os grandes nomes: Billie Holiday, Miles Davis, Dizzy Gillespie, Charlie Parker, todos eles. Era a personificação da história do jazz e, admiravelmente, havia se mudado para Estocolmo.

É claro que eu tinha assistido a vários de seus concertos e até cheguei a vê-lo, pela janela do meu escritório. Minha escrivaninha ficava em uma área projetada para fora do prumo da construção, pela qual eu podia ver a rua e até mesmo a casa em que Red morava. Pude vê-lo, algumas vezes, passeando pela rua e pensei: "Tão perto e, no entanto, tão distante". Eu o admirava muito, mas achava que um simples amador como eu não deveria se aproximar de uma estrela tão célebre. Entretanto, em um raro momento de coragem, cheguei a ligar para ele. Uma voz feminina, de uma americana pouco amigável, quase agressiva, atendeu a ligação. Red estava em uma turnê e ficaria fora por um mês. Não tive vontade de ligar de novo.

Um ano depois, Dick Nilson e eu estávamos no hotel Royal Viking para assistir a um concerto com Red e o pianista Horace Parlan. Dick havia, de fato, encontrado Red quando estava criando a capa de seu disco mais recente; sendo assim, após o concerto, eles se encontraram para dizer alô. É claro que fui junto. Era um grande momento para mim. Ao ser apresentado, apertei as mãos da lenda. Conversamos um pouco e consegui criar coragem suficiente para perguntar se seria possível ter aulas com ele. Eu não podia perder essa oportunidade.

Mas, não, ele não dava aulas, talvez apenas em algumas raras ocasiões, que eram uma exceção. Minha decepção foi tão perceptível que ele voltou um pouco a trás. "Tudo bem", disse ele, "talvez possamos nos encontrar em algum momento e conversar sobre isso." Eu não desistiria tão facilmente e, então, acabamos marcando uma data para visitá-lo.

Estava bastante entusiasmado quando, poucos dias depois, fui até o apartamento de Red, e o entusiasmo transformou-se em uma mistura de medo e contentamento quando ele me aceitou como uma "exceção". A situação melhorou ainda mais: minha firma estava mudando para um novo edifício que era, por acaso, bem ao lado da casa de Red. Isso simplificava muito a logística para mim, pois bateristas e contrabaixistas possuem o fardo mais pesado quando se locomovem. O contrabaixo é um instrumento grande, desajeitado e vulnerável. No entanto, não foi por carregar o contrabaixo que minhas pernas estavam tremendo quando toquei a campainha para minha primeira aula.

Para começar, Red queria ter uma ideia de como eu tocava. Ele me colocou na própria cadeira que usava para tocar seu contrabaixo e ligou meu baixo a dois altofalantes gigantes que iam do chão ao teto. Ele disse que era preferível sentar em uma cadeira para tocar o contrabaixo. "Existem dez razões para sentar", disse ele, "mas nenhuma para ficar em pé."

Sentou-se ao piano de cauda e disse: "Vamos tocar alguma coisa". Red era também um pianista talentoso, tendo iniciado sua carreira musical como pianista da banda da Força Aérea americana. Logo, porém, o contrabaixo havia se tornado seu instrumento principal e a razão de sua fama. Ele pertenceu à geração de contrabaixistas que desenvolveu e renovou a arte de tocar baixo; ele havia até mesmo dado aulas a grandes músicos como Scott La Farrow e Gary Peacock. E, agora, para mim. Parecia totalmente irreal.

Eu não conseguia mover um dedo sequer. Meu diálogo interno estava a todo vapor: "Aqui estou sentado com meu contrabaixo, um amador desajeitado e sem nenhuma aptidão, e ali está sentado um dos maiores contrabaixistas do mundo, uma verdadeira estrela. Ele vai acabar franzindo as sobrancelhas e pensando que sou um caso perdido. Não pratiquei o suficiente e é provável que não tenha talento suficiente. Ai, meu Deus, o que estou fazendo aqui?"

"O que você quer tocar?"

O que eu deveria dizer? Qualquer que fosse minha escolha, o Red pensaria que escolhi porque é o que conheço bem, e então, pareceria uma porcaria de qualquer jeito, e ele perceberia que sou um caso perdido e...

"Vamos tocar alguma coisa que seja fácil para você."

Não havia nada que eu achasse fácil naquele momento. Não poderia nem mesmo tocar o pouco que eu conseguia tocar normalmente. Comecei a entrar em pânico.

Por fim, percebi que teria de contar a ele que estava paralisado pela insegurança, que eu era só um amador desprezível que, naquele exato momento, não seria capaz de produzir uma única nota.

Red sorriu. "Sei como se sente", disse ele, e contou um caso sobre uma ocasião em que estava tocando piano em um bar em Los Angeles. Na verdade, estava trabalhando como contrabaixista com a orquestra MGM, sob a direção de Henry Mancini, tocando muita música de fundo e temas para filmes e programas de TV. Naquela noite, porém, estava fazendo um bico, ganhando um dinheiro extra, tocando piano em um bar.

De repente, duas personalidades famosas do jazz entraram – nada menos que Oscar Peterson, um dos maiores pianistas do mundo, e Ray Brown, um dos maiores contrabaixistas do mundo. Eles disseram alô e se sentaram bem próximos ao piano.

"Claro, eles eram meus companheiros, mas o que senti naquele momento é o que você está sentindo agora." Minha postura gélida derreteu um pouco.

Nossas aulas prosseguiram entre execuções de músicas, explicações, anedotas e discussões cada vez mais filosóficas. Em algumas aulas, podíamos permanecer horas conversando sobre outras coisas além da música. Red era uma pessoa muito interessante, um observador inteligente e criativo do mundo e do ser humano. Muitas letras que escreveu para diversas músicas são bastante profundas e perspicazes, uma união misteriosa e feliz entre notas e palavras.

Senti-me imensamente privilegiado por ser seu aluno e compartilhar não apenas de seu enorme conhecimento sobre contrabaixo, mas também de sua sabedoria e experiência de vida. Pouco a pouco, desenvolvemos uma amizade calorosa e em nossas conversas sempre tocávamos em questões profundas sobre a vida, tais como se existe vida após a morte e se há uma parte de nossa consciência ou de nossa alma que sobreviva à nossa morte física.

Fizemos um acordo que era em parte sério, e em parte uma brincadeira. Aquele que fosse primeiro – era assim que falávamos sobre a morte – tentaria entrar em contato com o outro para confirmar que havia, de fato, uma continuação do outro lado. "Certo, trato feito." Apertamos as mãos. Passaram-se alguns anos. Red havia voltado para os Estados Unidos, para Portland, Oregon, com sua nova mulher Diane. (Não tinha sido ela, mas sua predecessora pouco amigável que havia atendido ao telefone naquela ocasião. Diane era uma pessoa muito agradável.)

Poucos meses depois, Red voltou à Suécia, em parte para participar de uma cerimônia na qual receberia uma medalha de honra, *Illis Quorum (Illis Quorum Meruere Labores)* (Para aqueles cujos trabalhos o mereceram), do ministro da Cultura, e em parte para fazer um concerto com o grande guitarrista Joe Pass. Naquela época, havia um grupo popular de rock chamado *The Grateful Dead* (*Os Mortos Agradecidos*). Red e Joe, ambos cavalheiros idosos, na brincadeira, se autodenominavam *The Grateful Living* (*Os Vivos Agradecidos*). Ninguém sabia que restariam apenas alguns meses para Red.

Ele me contou que tinha ido ao médico porque estava sentindo uma dor em seu braço esquerdo. O médico havia diagnosticado angina de peito. Isso o preocupou bastante. Ele gostava de sua vida nova em Oregon. O cenário do jazz era vigoroso, seu trabalho muito valorizado e ele fazia inúmeras apresentações.

Passados poucos meses, em uma manhã, o telefone tocou. Era o filho de Red, Eric, contando que ele havia morrido subitamente. Fiquei muito abalado. Lágrimas brotaram dos meus olhos. Senti sua morte como uma perda pessoal e parecia que o mundo havia ficado mais sombrio. Era a hora errada. Red tinha muito mais a oferecer, e eu, tanto mais a aprender. Eu deveria ter feito muito mais, mas nunca fiz, deveria ter dito muito mais, mas nunca disse.

Naquela tarde, me dei conta de uma música que, com insistência, continuava se repetindo em minha mente. Isso, às vezes, acontece, você fica com uma música na cabeça. Ela persiste por um tempo, você tem alguma consciência dela e, então, desaparece.

Essa, porém, era diferente – insistente e persistente, parecia exigir minha atenção. Não conseguia me livrar dela. Que melodia seria aquela? Ah, sim, era uma composição de Red, o trabalho pelo qual foi avaliado quando estudou harmonia com Dizzy Gillespie. Uma bela bossa-nova com interessantes e complexas sequências de acordes. Ele havia dado a ela o nome de *Talking* (*Conversa*).

"Bom", pensei, "é natural que ela tenha surgido, hoje, em minha mente. É provável que meu subconsciente a tenha trazido à tona em decorrência de Red estar tão presente em meus pensamentos." Naquela noite, fui dormir com *Talking* tocando ainda, de forma insistente, em minha cabeça.

Quando acordei, na manhã seguinte, ainda estava triste, mas outra canção ocupava meus pensamentos. Ela exigia a mesma atenção e era tão insistente quanto *Talking*, mas o fazia de uma forma bem mais intensa do que normalmente acontecia quando eu ficava pensando muito em uma música.

No entanto, não conseguia descobrir que canção seria aquela. Eu sabia que era uma canção antiga, mas não sabia seu nome e nunca a havia tocado.

A música persistia, persistia, sem cessar. Que diabos seria isso? Qual seria o seu nome?

Por fim, tive de ligar para meu amigo pianista, Christer, que tem um tipo de mente que funciona como um computador, armazenando uma espantosa quantidade de informações relacionadas a músicas, acordes, gravações e variações. De vez em quando (ou melhor, com muito frequência), em uma sessão de jazz, pode ser que apareça uma música que eu não conheça. E aí, Christer pega papel e caneta e, em dois minutos, escreve a sequência inteira de acordes. Dessa forma, por muitas vezes, ele evitou situações embaraçosas para mim.

Agora, eu precisava de sua ajuda de novo. Liguei para ele e, pelo telefone, cantarolei aquela melodia desconhecida que estava presente de forma tão intensa em minha mente. Que canção era aquela? Ele a conhecia? Claro que sim.

"Ah, aquela", disse Christer, e ficou em silêncio por alguns segundos. "É *I get along without you very well* (*Eu me viro muito bem sem você*).

Aquilo me atingiu como um raio. É claro! Nosso acordo!

Como poderia um genuíno músico como Red Mitchell comunicar-se, a não ser por meio da música? Acenei para o céu e disse: "Obrigado, Red. É bom saber disso".

Pequenas coincidências

Poucos meses depois do falecimento de Red, eu estava trabalhando em um projeto com a diretora de arte Ann Marie Wessman e, por alguma razão, ela mencionou Red Mitchell.

Aquilo fez com que eu começasse a falar sobre Red, o quanto gostava dele e o admirava e que grande sujeito ele tinha sido.

Naquele momento, o telefone tocou. Era Diane, a viúva de Red, ligando de Portland, Oregon. Fiquei um pouco desconcertado e disse a ela que havia ligado exatamente no momento em que eu falava sobre Red. Depois que desliguei, Ann Marie também comentou sobre o fato de a viúva de Red ter ligado bem quando eu estava falando sobre ele.

Ela ainda não havia terminado a frase quando alguém bateu à porta. Lars, um rapaz que havia trabalhado na agência há alguns anos, entrou. Ele tinha vindo fazer uma visita, apenas para dizer alô aos seus velhos companheiros, aqueles que ainda estivessem por lá. Era a primeira vez que estava retornando desde que havia partido, nove anos atrás. Apertamos as mãos. Era bom vê-lo. "Como está sua vida?", perguntei.

A primeira coisa que ele respondeu foi: "Uma pena o que aconteceu com Red Mitchell!"

Anne Marie e eu olhamos um para o outro e quase caímos na gargalhada. Lars parecia um pouco confuso; havia dito algo engraçado?

Expliquei que ele acabara de entrar em um pequeno turbilhão sincronístico que dizia respeito a Red Mitchell.

Certa noite, estava trabalhando até tarde e desci até um restaurante próximo com Mike, um colega, para comer alguma coisa. Era outono, os dias estavam ficando mais curtos e mais escuros; então, surgiu o assunto da depressão de outono. Trata-se de uma síndrome bastante conhecida nas latitudes setentrionais. Recentemente, havia lido sobre TAS – Transtorno Afetivo Sazonal –, e comecei a exibir meu conhecimento recém-adquirido.

O aprendizado sobre o TAS havia me fornecido uma explicação para algo sobre o qual eu tinha consciência desde a escola secundária. Era só chegar a época do outono para que eu, muitas vezes, me tornasse mais introvertido e não sentisse muita necessidade de estabelecer interações sociais, que costumam ser bastante ativas nessa idade. Às vezes, preferia até mesmo ir ao cinema sozinho.

Agora, havia aprendido que as depressões de outono, em geral, estão relacionadas a uma substância conhecida como melatonina, que é secretada pela glândula pituitária. Trata-se de uma pequena glândula localizada no meio do cérebro é que é, sensível à luz. Quando, no outono, os dias ficam mais curtos e a quantidade de luz é menor, ela secreta mais melatonina, o que faz com que você fique mais sonolento. Algumas pessoas tornam-se também mais melancólicas. Esta função existe em todos os mamíferos e é, por exemplo, a razão pela qual os ursos hibernam durante o inverno.

Estava conversando com o Mike e acabara de abordar a influência da luz. Para exemplificar, estendi meus braços sobre a mesa à minha frente e, abaixando-os lentamente, disse: "E quando a luz diminui..."

Naquele exato momento apagaram-se as luzes no restaurante.

A luz foi logo restabelecida, mas Mike olhou para mim de um modo estranho. Eu estava tão surpreso quanto ele. Rimos dessa divertida coincidência e não acho que tenha sido nada mais do que uma simples coincidência. Pelo menos, não consigo perceber nenhum significado mais profundo nesse fato. Se existisse algum significado, não sei qual poderia ser. Talvez,apenas uma indicação do senso de humor do universo.

Depois que a primeira edição deste livro foi publicada na Suécia, recebi muitas cartas e e-mails de pessoas querendo compartilhar suas próprias experiências de sincronicidade.

Uma senhora contou-me a seguinte história relacionada ao pequeno episódio do restaurante mencionado acima. Ela estava lendo o livro enquanto viajava de trem. Exatamente quando lia a frase: "Naquele exato momento apagaram-se as luzes no restaurante...", apagaram-se as luzes no trem. Ela mal podia acreditar no que estava acontecendo. A iluminação logo foi restabelecida e ela tentou voltar ao ponto em que estava no livro. Conforme relia "Naquele exato momento apagaram-se as luzes no restaurante..." faltou energia no trem pela segunda vez. Ela quase ficou apavorada. Por fim, as luzes voltaram e ela evitou ler, de novo, aquela mesma frase. Sua viagem continuou sem nenhum outro incidente.

Às vezes, você não enxerga as coisas, ainda que elas estejam bem diante de seus olhos. Meu estúdio é formado pela combinação de uma biblioteca, uma sala de música e um gabinete de escritor com pé direito duplo. A escada termina em uma espécie de estante, onde tenho escrivaninha, computador, impressora e todos os objetos que fazem parte de um local próprio para escrever. Subo e desço aquela escada várias vezes. Um dia, de repente, quando estava subindo, reparei em algo. Uma tábua de carvalho presa em uma parede, como uma espécie de painel de madeira. Ela é fixada no local por quatro parafusos perfurados profundamente na madeira. Percebi a existência de quatro orifícios abertos onde estavam os parafusos. Aqui está uma questão mal resolvida, pensei. Eles deveriam estar tampados. É estranho que não tenha reparado nisso antes.

"Preciso conseguir quatro cavilhas arredondadas de carvalho nas dimensões certas, para serem colocados nos orifícios", pensei. "Porém, onde as conseguirei, que tipo de loja vende algo assim? Como posso descobrir isso? A quem devo perguntar? Para onde posso ligar?" As dúvidas se intensificavam, mas logo se dispersaram, afastadas por outras preocupações mais urgentes. Eu cuidaria disso no devido tempo. Afinal de contas, não era um assunto muito importante e eu estava indo para o segundo andar da casa, com outras coisas em mente.

Quando cheguei ao segundo andar, passei pela escrivaninha de Catherine. Fiquei paralisado no mesmo lugar por um momento, apenas olhando, com olhos arregalados.

Ali, em um pequeno porta-lápis, encontravam-se quatro ótimas cavilhas arredondadas de carvalho.

Elas encaixaram perfeitamente.

Quando Catherine chegou em casa, contei a ela a história e perguntei de onde poderiam ter surgido aquelas quatro cavilhas e por que haviam sido colocadas em sua escrivaninha.

Ela não tinha a menor ideia.

Meu irmão Torbjörn tem uma filha, Camilla, de seu primeiro casamento, e outra filha, Elisabeth, do segundo. Camilla era adulta, tinha estudado na UCLA (Universidade da Califórnia) e agora trabalhava como redatora publicitária para uma agência de publicidade na Suécia. Elisabeth, que tinha 18 anos, acabara de deixar sua casa para iniciar sua própria vida. Encontravam-se ocasionalmente.

Um dia, Camilla contou a Elisabeth que ela e uma amiga iriam de férias para a Ásia. Viajariam sem destino, para onde quer que seus narizes apontassem, sem nenhum itinerário ou plano específico. A única programação que precisavam considerar seria sua chegada em Cingapura e sua partida, alguns meses depois, de Hong Kong. Nesse meio tempo, elas apenas se deslocariam aleatoriamente por lugares como Malásia, Indonésia e Bali.

Quando estavam em Bali, visitaram a região que, poucos anos depois, seria o cenário daquele horrível ataque terrorista. Trata-se de uma grande área para turistas com centenas, talvez milhares, de bares, restaurantes e incontáveis centros comerciais.

Naquela noite, Camilla e sua amiga jantaram em um restaurante. Depois de algum tempo, Camilla teve de ir ao banheiro. Quando estava lavando as mãos, viu, pelo espelho, que uma das portas do banheiro foi aberta. Uma garota apareceu e Camilla não podia acreditar no que estava acontecendo.

A garota era sua irmã, Elisabeth.

Ambas estavam pasmas. Elisabeth tinha ficado tão inspirada pela viagem de Camilla, que havia começado a organizar uma para ela e uma amiga. Haviam achado passagens de última hora para Bali.

Ela não fazia ideia de onde Camilla estava e, é claro, Camilla também não sabia dela. Ambas não se haviam comunicado de nenhum modo desde a partida de Camilla. E a Ásia é um lugar consideravelmente grande.

No entanto, de repente, aqui estavam elas, não apenas no mesmo país, não apenas na mesma cidade, mas no mesmo restaurante, o que é bastante improvável. E ainda mais improvável seria que estivessem lá no mesmo dia, na mesma hora.

Meu palpite é que o universo queria que se encontrassem.

capítulo

14

A sincronicidade e a Bíblia

A maioria das pessoas conhece a história bíblica que descreve como o Mar Vermelho se dividiu, tornando possível que os israelitas fugissem para o outro lado, e como as águas voltaram rapidamente ao seu lugar para afogar o exército dos perseguidores egípcios. Será que isso é apenas uma fantasia ou aconteceu de verdade?

Hoje em dia, existem cálculos que indicam que isso, de fato, poderia ter acontecido. E que poderia ser um fato histórico e um exemplo maravilhoso de sincronicidade.

A Bíblia conta como os israelitas estavam tentando escapar de seu cativeiro no Egito. Haviam montado acampamento em Pi-Hairote, um local no deserto às margens do Mar Vermelho. Os egípcios, porém, os perseguiam “com todos os cavalos do Faraó, carruagens e cavaleiros, e todo o seu exército”. Os israelitas ficaram apavorados à medida que os egípcios se aproximavam e, vociferando, reclamaram a Moisés, que os havia conduzido a esse desastre. Foi, então, que Moisés recebeu instruções de Deus sobre o que fazer. Assim diz a Bíblia:

> *E Moisés estendeu sua mão sobre o mar; e o Senhor fez com que o mar recuasse, por um forte vento oriental durante toda aquela noite, e transformou o mar em terra seca, e suas águas foram divididas.*
>
> *E os filhos de Israel entraram no meio do mar sobre o solo seco: e as águas eram como muros à sua esquerda e à sua direita.*
>
> *E os egípcios os perseguiram e foram atrás deles até o meio do mar, até mesmo com todos os cavalos do Faraó, suas carruagens e seus cavaleiros.*
>
> *E aconteceu que, pela manhã, o Senhor olhou para a multidão de egípcios através da coluna de fogo e de nuvem e afligiu a multidão de egípcios.*
>
> *E retirou as rodas de suas carruagens, fazendo-as andar com dificuldade, de forma que os egípcios disseram: Fujamos do território de Israel; pois o Senhor luta a favor deles contra os egípcios.*
>
> *E o senhor disse a Moisés: Estendei vossas mãos sobre o mar para que as águas possam retornar sobre os egípcios, sobre suas carruagens e seus cavaleiros.*
>
> *E Moisés estendeu as mãos à sua frente sobre o mar, e o mar retornou com força pela manhã; e os egípcios tentaram escapar dele; e o Senhor derrubou os egípcios no meio do mar.*
>
> *E as águas retornaram, cobrindo as carruagens, e os cavaleiros, e todo o exército do Faraó que os veio seguindo até o mar; e lá não restou nem ao menos um deles.*

Dois matemáticos russos, Naum Volzinger do Instituto de Oceanologia de São Petesburgo, e seu colega, Alexei Androsov, de Hamburgo, realizaram cálculos interessantes, utilizando equações diferenciais. Foram necessários seis meses para a realização do estudo, tendo sido publicado no *Boletim da Academia Russa de Ciências*. Seu título é *Modelling of the hydrodynamic situation during the exodus* (Modelo da situação hidrodinâmica durante o êxodo). A conclusão a que chegaram é:

> *Existe um recife no Mar Vermelho exatamente no local onde os judeus escaparam do exército dos egípcios. Tem 6,5 quilômetros de comprimento e estende-se de costa a costa. Nos tempos antigos, o recife era maior e chegava mais perto da superfície do que hoje. A Bíblia fala de um "forte vento oriental durante toda aquela noite".*

Assim, os dois matemáticos desenvolveram uma equação incorporando a velocidade do vento, a direção, e outros parâmetros, a fim de descobrir que condições seriam necessárias para que o recife viesse à tona durante a maré baixa. O que seria preciso para que o recife secasse por completo, quanto tempo ele permaneceria seco e em quanto tempo a água retornaria?

Volzinger, que é um especialista em fenômenos marítimos, inundações e ondas gigantescas provocadas por maremotos ou tempestades, calculou que se o vento soprasse do leste, com uma velocidade de 30 metros por segundo, o recife viria à tona.

Seiscentos mil israelitas precisavam atravessá-lo e ele calculou que, para tal, seriam necessárias quatro horas. Meia hora além disso e a água retornaria, e isso deve ter acontecido bem quando o exército egípcio estava no meio da travessia.

> *E as águas retornaram, cobrindo as carruagens, e os cavaleiros, e todo o exército do Faraó que os veio seguindo até o mar; e lá não restou nem ao menos um deles.*

Desse modo, pode haver uma explicação física, matemática e científica compreensível para esta estranha passagem bíblica. Nesse caso, não teria sido uma poderosa sincronicidade o fato de que este fenômeno natural tivesse ocorrido no momento em que os israelitas estavam precisando desesperadamente fugir de seus perseguidores, no instante exato em Moisés estendeu sua mão sobre o mar?

O evento, por si só, deve possuir uma explicação física, mas como você o explicaria em relação ao seu enorme significado? Talvez haja algo nas próprias palavras de Volzinger: "Estou convencido de que Deus governa o mundo pelas leis da Física".

capítulo

15

A intuição

Você pode conhecer o mundo todo sem sair de sua casa.
Você pode enxergar os caminhos celestes sem olhar pela janela.

Lao Tse

Será que a intuição existe? Durante milhares de anos, esta questão tem sido debatida pelos eruditos. Nunca houve dúvida na tradição oriental. Pode-se, talvez, interpretar as palavras de Lao Tse como uma profecia sobre a televisão e a internet, mas é mais provável que ele estivesse se referindo a outra coisa. É mais provável que ele quisesse dizer que a consciência humana, em um nível superior, está conectada a todo o resto. Seria, então, perfeitamente possível conhecer as coisas sem que as tenhamos visto com nossos olhos ou que as tenhamos ouvido com nossos ouvidos.

Os filósofos ocidentais não chegaram a um consenso. O filósofo romano Plotinus afirmou que a intuição seria útil nas questões espirituais, mas não nos assuntos mundanos. Em relação a estes últimos, apenas o método discursivo das etapas funcionaria. Você só poderia confiar na lógica e no intelecto.

O holandês Spinoza, por outro lado, declarou que a forma mais elevada de conhecimento requereria a intuição. O intelecto poderia apenas oferecer a você um conhecimento fragmentado.

Henri Bergson, filósofo francês, concordou e afirmou que a verdadeira realidade só poderia ser compreendida pela intuição, que ele considerava um órgão especial do conhecimento.

O filósofo alemão Schopenhauer trouxe ainda mais confusão com a ideia de que o responsável por nos proporcionar o conhecimento intuitivo seria o intelecto, que funcionaria, dessa forma, de acordo com as leis da lógica. O problema é que a intuição é um processo subconsciente e não pode ser controlada.

Carl Jung definiu a intuição como um processo psicológico inconsciente e irracional.

A síntese de todos esses diferentes pontos de vista parece ser, de fato, a existência de algo que poderia ser chamado de intuição. Os acadêmicos eruditos por certo continuarão a discutir sobre o que seria tal processo. Enquanto isso, muitas pessoas continuarão a fazer uso dela, de forma mais ou menos consciente.

Não há dúvida de que o ponto de vista ao qual estamos ainda condicionados aclama o intelecto e o pensamento lógico, considerando-os nossos melhores aliados em diferentes situações de nossas vidas. Seja sensato, seja racional, seja lógico, e você será considerado intelectualmente capaz. Não é à toa que costumamos confiar no intelecto e deixamos de ouvir a pequena e discreta voz interior da intuição. Ela não é nem mesmo linguisticamente sofisticada.

A intuição costuma se manifestar por meio de uma noção vaga, uma sensação, algum tipo de impressão indefinida. Com a mesma frequência, a mente racional irá interromper e dizer que não pode ser assim porque... A mente racional sempre deseja expressar sua opinião, julgar, explicar, interpretar e resolver as coisas. Trata-se, é claro, de uma faculdade muito importante e útil de muitas formas, mas não estou certo de que seja superior à emocional, à intuição.

Expressões como "tolices emocionais" contribuem para limitar as emoções ao mundo das telenovelas. As emoções, porém, são muito mais do que tristeza, alegria, raiva ou medo. Existem milhares de nuances, tonalidades e acordes; noções que não são abrangidas com facilidade por simples palavras. Há uma escala completa de diferentes sensações entre o conforto e o desconforto. Você encontra uma pessoa e sente um leve desconforto, mas não é capaz de apontar sua causa. A pessoa pode ser amigável e estar falando coisas apropriadas, mas ainda assim você não se sente confortável. Poderia ser sua intuição tentando comunicar algo a você. Na maioria das vezes, esse tipo de sensação revela, no futuro, que fazia algum sentido.

Em geral, não agimos movidos por essas sensações, preferimos minimizar sua importância. No entanto, seria prudente considerá-las com um pouco mais de seriedade. Quanto mais aprendermos a percebê-las e reconhecê-las, maior poderá ser a quantidade de informações disponíveis para nos orientar em nossa vida. Maior será a precisão de nossa bússola interna.

A intuição pode estar relacionada a grandes ou a pequenas coisas. Às vezes, ela pode ser bastante eloquente. Uma noite, levei meu filho Oliver e seu amigo Willian ao cinema, onde iriam assistir *O Senhor dos anéis*. Eles saíram do carro para a parte externa do cinema cheios de expectativa e, enquanto dava a volta com o carro, pude vê-los indo para a entrada, gesticulando com entusiasmo.

Estava indo para casa. Depois de mais ou menos um quilômetro, tive uma ideia súbita, quase uma certeza. Eles não conseguiram os ingressos! Eles não conseguiram entrar! A sensação era tão intensa e inesperada que, sem pensar, virei o carro e peguei o caminho de volta para o cinema. É claro que minha mente racional na hora me apontou o dedo: "O que você está fazendo? Isso é irracional, uma tolice. É claro que eles compraram os ingressos com antecedência ou, pelo menos, fizeram reservas. Por que você não se informou? Se tivesse feito isso, não estaria fazendo papel de bobo agora. Isso é desconcertante. Vire o carro e volte para casa, pelo amor de Deus."

Porém, só para variar, minha mente racional não venceu. Confiei em minha intuição e logo estava de volta ao cinema.

De fato. Dois adolescentes desapontados estavam lá na calçada, tentando descobrir o que fazer no momento. "Não conseguimos nenhum ingresso."

Eu quase falei: "Sim, eu sei."

A velha visão de mundo talvez concorde que você possa ter "um pressentimento", e caso seja constatada sua exatidão, sua causa seria atribuída a uma das duas alternativas: "puro acaso" ou os conhecimentos e experiências antigas armazenadas no subconsciente, enviadas à sua consciência sob a forma de um "pressentimento".

Isso é possível. No entanto, acredito que seja também algo além disso. Deve existir uma forma de conhecimento que não esteja relacionada a algo que tenha sido previamente experimentado ou aprendido. Hoje, existe um considerável número de pesquisas que apontam nessa direção.

Um dos fenômenos bastante estudados é conhecido como "visão remota". Trata-se de um tipo de contato estabelecido entre mentes humanas através de grandes distâncias, e até mesmo a habilidade de "ver" algo que esteja em um local desconhecido, a milhares de quilômetros de distância. A visão remota é, no momento, um fenômeno muito bem documentado. Por exemplo, ela foi pesquisada, por vários anos, no Instituto de Pesquisa de Stanford, fundado pela inteligência americana. A CIA estava muito interessada na possibilidade de espreitar os arquivos russos mais secretos sem ter de sair de uma cadeira confortável em Langley.

Os cientistas Russell Targ e Hal Puthoff descreveram a pesquisa em um livro intitulado *Extensões da mente*, que confirma, de fato, a existência desse fenômeno.

Eles não são, com certeza, sonhadores inconsistentes ou amadores desprovidos de competência. Ambos são físicos nucleares e especialistas em *laser*. Targ, entre outras tentativas nas quais empenhou seus esforços, participou da construção de algo denominado "oscilador de plasma sintonizável em frequências de micro-ondas", e Puthoff escreveu vários livros sobre Física Quântica. Em sua pesquisa sobre visão remota, eles observaram, de forma muito cuidadosa, os mais rigorosos protocolos científicos. Até mesmo os que detestam deixar a zona de conforto de sua antiga visão de mundo encontram dificuldades para minimizar a importância de sua pesquisa e afirmar que seja pouco científica.

Talvez a intuição possa ser explicada pelo fato de que todas as informações já existam no Campo, e de que todos estejam conectados a ela, mesmo que a maioria das pessoas não tenha consciência disso. Com um pouco de prática e concentração, talvez possamos todos apurar nossas habilidades de extrair informações importantes de canais menos convencionais. Já vivenciei isso pessoalmente.

O conflito entre a intuição e o intelecto

Uma vez, nos anos 1970, participei de um experimento que investigava a PES (percepção extrassensorial). A Association for PsychoBioPhysics (Associação pela Psicobiofísica) o havia organizado. Tratava-se de um grupo de pesquisadores que desejavam estudar as habilidades humanas especiais e suas limitações, mas que foram proibidos de realizar certos experimentos dentro de seus respectivos departamentos, já que não se ajustavam aos "paradigmas aceitos". Desafiar tais paradigmas seria colocar em risco futuras carreiras e financiamentos e, talvez, ser importunado pelo sistema. Sendo assim, eles haviam criado esse fórum em parte secreto, fora do ambiente acadêmico, para que fossem capazes de realizar pesquisas em seu tempo livre; pesquisas que os defensores do velho paradigma considerariam provocativas. Eu havia me tornado um membro da associação por pura curiosidade.

Esse experimento específico foi conduzido pelo psiquiatra sueco Nils Olof Jacobsson. Éramos um punhado de voluntários, cada um sentado em uma cabine separáda, tendo em mãos papel e caneta. Em outra sala do mesmo prédio estava Matthew Manning, um jovem britânico, famoso por suas habilidades como médium. Entre outras coisas, em sua adolescência haviam ocorrido com ele vários fenômenos paranormais: utensílios domésticos ou outros objetos costumavam sair voando pelo ar sem que ninguém estivesse lá para arremessá-los. Sabe-se que isso acontecia de vez em quando, sob um estado de excitação emocional, e causava vários problemas quando Manning estudava em um colégio interno. Ele estava acostumado com isso, mas os outros garotos do dormitório ficavam apavorados.

O fenômeno, por fim, parou de acontecer e Manning passava a maior parte de seu tempo como alvo de pesquisas. Certa vez, os pesquisadores haviam colocado um grande número de fotos em envelopes não identificados e selados. Assim como nós, Manning não havia visto as fotos nem os envelopes.

Manning deveria pegar um envelope aleatoriamente, abri-lo, olhar para a foto e tentar "enviá-la" para nós. Na sequência, deveríamos tentar "vê-la" ou "sentí-la" ou ter uma ideia da foto de alguma outra forma, e colocar no papel nossas impressões. Não recebemos, porém, nenhuma instrução específica em relação a como nos tornaríamos receptivos, além de tentarmos remover, o máximo possível, a costumeira tagarelice em nossas mentes. Isso era muito estimulante.

A primeira foto foi "enviada". Tentei esvaziar minha mente, o máximo que pude, dos pensamentos, e esperei por algum tipo de impressão. Então, um padrão começou a emergir diante de meus olhos interiores. Vi duas linhas paralelas finas que iam da parte extrema inferior esquerda à superior direita. Elas eram cruzadas em intervalos regulares por linhas perpendiculares mais curtas.

O que seria isso? O intelecto, de imediato, interrompeu para interpretar: "O que poderia ser? Não parecia uma estrada de ferro, ainda que aquelas linhas fossem bastante finas? Sim, deve ser uma estrada de ferro. O intelecto estava bastante satisfeito com sua interpretação e escrevi "estrada de ferro" no papel.

Deveria ter pedido ao intelecto que fosse com calma. Se eu não tivesse começado imediatamente a pensar e interpretar, talvez a figura tivesse tempo de evoluir. Mais tarde, aprendi que a mente superior, com frequência, transmite seus sinais à consciência normal em fragmentos que, gradualmente, convertem-se na figura completa. Eu havia recebido só a primeira parte.

A figura completa era uma raquete de tênis.

Eu mal começara a ver algumas de suas cordas quando o intelecto interferiu para interpretar, interrompendo, dessa forma, a recepção. Se eu tivesse permanecido aberto e em estado receptivo, poderia ter conseguido perceber também o restante da figura. Meu resultado foi, é claro, registrado como falho.

Na "transmissão" seguinte, consegui perceber uma curva ou um semicírculo que parecia feito de metal. Ao mesmo tempo, tinha a impressão de que estava relacionado a uma fechadura. De novo o intelecto assumiu o comando. Deve ser parte de uma chave. Só dá para ver a parte superior arredondada. Deve ser uma chave, e estava confiante quando escrevi "chave" no papel.

A foto era de um cadeado. O que eu havia visto era o arco de metal de um cadeado. Se tivesse ficado calmo, é provável que a parte restante do cadeado aparecesse. Essa tentativa também foi registrada como falha.

A próxima "transmissão" não me trouxe, de maneira alguma, uma figura, mas apenas uma palavra.

A palavra "igreja" chegou à minha mente flutuando, era quase possível ouvi-la. Igreja? Não, não, disse o intelecto, eles nunca utilizariam um símbolo como esse em um experimento dessa natureza. Este estudo não tem nada a ver com religião, eles certamente evitariam quaisquer referências iguais a essa. Seja como for, a igreja não deve ver esse tipo de coisa de forma positiva. Não, não pode ser uma igreja, decidiu o intelecto, e me fez escrever algo diferente. Não me lembro qual foi o substituto que inventei para a palavra igreja.

O intelecto estava tão equivocado! A foto *era* de uma igreja.

Outra falha completa foi registrada. Tão certo e, ao mesmo tempo, tão errado. Fiquei, depois, muito frustrado, mas havia aprendido algo importante. O intelecto é um excelente parceiro quando você precisa descobrir como usar seu computador novo ou preencher sua declaração de imposto de renda. No entanto, se você deseja utilizar melhor sua intuição, deve manter seu intelecto a distância até que a intuição tenha se manifestado.

O intelecto é um bom servo, mas um péssimo mestre.

Como parei de fumar sem sequer tentar

Comecei a fumar quando tinha, mais ou menos, 16 anos. Todos os meus amigos fumavam, Humphrey Bogart fumava, todos os homens de verdade fumavam e ninguém, naquela época, a não ser minha mãe, mencionou qualquer coisa sobre o fato de ser perigoso. O gosto nem sempre era tão bom, mas você se acostumava com ele.

O hábito permaneceu comigo e me fez acender um cigarro a cada intervalo na escola, a cada pausa na rotina do exército, cada vez que o telefone tocava no escritório, cada vez que alguém entrava na sala, após cada xícara de café, após cada refeição e, como uma espécie de consolo, toda hora que um pensamento estressante aparecia. Eu fumava uma quantidade que variava de meio a um maço inteiro por dia, e a quantidade aumentava se houvesse uma festa.

Com o passar do tempo, começaram a aparecer artigos de jornais e sugestões de que fumar pudesse trazer riscos à saúde e acho que pensei, como a maioria dos fumantes, que parar seria uma boa ideia. Porém, como todo fumante sabe, pensar em parar e parar de fato são coisas muito diferentes; então, continuei dando minhas baforadas.

Entretanto, parei de fumar definitivamente em fração de poucos minutos. Podem ter sido até segundos. Não estou bem certo, já que o acontecimento foi inesperado e muito estranho. Aconteceu em 1974. Estava me submetendo a exames de saúde de rotina, não porque não me sentisse bem, mas porque tínhamos um exame médico anual como benefício adicional da empresa.

Estava sentado em uma cadeira e uma enfermeira tinha acabado de encher dois tubos de ensaio de sangue do meu braço. Os tubos estavam em um pequeno suporte sobre uma mesa à minha direita. Por alguma razão, a enfermeira deixou a sala. Um impulso indefinido fez com que eu pegasse um dos tubos de ensaio nas mãos.

Ele estava quente! Claro que estava quente, já que o sangue tinha acabado de sair do meu corpo, mas fui tomado pelo pensamento de que calor é energia. O calor que sinto em minha mão neste momento é parte de minha própria energia vital! Este pensamento funcionou como uma espécie de mola propulsora para minha consciência. De repente, eu estava em algum outro lugar. A sala, a cadeira, o tubo de ensaio, tudo havia desaparecido. Flutuei em uma espécie de espaço negro onde vi meu próprio sangue como um ser distinto, uma entidade separada, com vida própria, com sua própria consciência. Este ser era totalmente amoroso e o propósito de sua existência consistia em manter-me vivo e saudável, distribuindo nutrientes e oxigênio para todas as partes do meu corpo e levando embora os dejetos e as toxinas. Hora após hora, dia após dia, ano após ano, sem nunca tirar férias ou comemorar feriados, sem dormir, apenas trabalhando, trabalhando, trabalhando, de forma altruísta, amorosa e dedicada pelo meu bem-estar e minha saúde.

Fiquei profundamente comovido. Lágrimas brotaram dos meus olhos e senti uma gratidão e um amor imensos por aquela criatura fantástica. Então, outra cena apareceu. De alguma forma, pude ver como cada cigarro que eu fumava tornava seu trabalho mais árduo. Cada tragada funcionava como um empecilho, atrasando o trabalho intensivo e altruísta do meu sangue, meu melhor amigo. No entanto, ele continuava apenas trabalhando em silêncio, sem reclamar, em sua dedicação total. Senti-me um verdadeiro idiota.

Com sinceridade, pedi desculpas. Como pude ser tão estúpido? Ter consumido todos aqueles cigarros era um absurdo total. Nunca mais! No momento, pensar em acender até mesmo um único cigarro era inconcebível.

De repente, havia voltado para a cadeira. O velho mundo parecia familiar de novo. Mas eu, não. Havia me transformado em um não fumante. Não tenho ideia de quanto tempo durou minha visita a esse outro mundo, mas seu resultado duraria para sempre. Desde então, nunca mais fumei, e nem mesmo senti desejo de fumar.

Apenas por precaução, depois dessa experiência, mantive o meio maço de cigarros que restara em meu bolso; porém, ele foi ficando cada vez mais seco e repulsivo e, após uma semana, joguei-o fora.

Hoje em dia, quando vejo a agonia dos meus amigos fumantes tentando parar, gostaria de poder transferir a intensidade e o significado da minha experiência. No entanto, descrevê-la agora pode proporcionar apenas uma vaga ideia sobre aquilo que ocorreu.

O que teria acontecido comigo lá, naquela cadeira? Poderia minha consciência ter mesmo tido acesso a outra realidade? Teria sido algum tipo de intervenção do Campo? Ou seria que meu subconsciente, ou intuição, de alguma forma criaram uma experiência para me fazer parar? É claro que, naquela época, eu não era forte ou disciplinado o suficiente para deixar de fumar apenas por minha própria força de vontade.

Seja qual for a explicação, sou imensamente grato. A experiência fez com que minha saúde fosse preservada e meu dinheiro, poupado.

O retorno da lente de contato

Ao largo da costa da Croácia, existe uma bonita ilha chamada Hvar. Um episódio ocorrido nesse local jamais será esquecido pelo arquiteto Dusan Decermic e sua namorada Dragana Spasogevic.

Dusan e Dragana moravam e trabalhavam em Londres, mas estavam passando férias na pequena aldeia de pesca Sveta Nedelja, em Hvar. A aldeia situa-se um pouco distante da praia e, ao fundo, ergue-se o topo de uma montanha. Estabelecer a aldeia a uma determinada distância da costa era uma forma de evitar os piratas que, no passado, haviam tornado a margem da praia um local perigoso. Hoje em dia, isso significa, apenas, que os turistas devem fazer uma caminhada um pouco mais longa até a praia. No entanto, esse é um pequeno preço a ser pago pela quietude e beleza idílica da paisagem. E o número de turistas não costuma ser tão grande a ponto de evitar que todas as pessoas se conheçam.

Dragana tinha problemas de visão e precisava usar lentes de contato de um grau elevado, de fabricação especial, para que fosse capaz de apreciar os locais bonitos, a montanha verdejante e a praia na qual ela e Dusan costumavam nadar.

Um dia, eles decidiram ir para outra praia. Pegaram o carro e foram para um local pequeno e isolado que ficava a mais ou menos seis quilômetros da aldeia. Eles apreciaram o sol, o mar e a pequena e bonita praia que, naquele momento, pertencia só a eles. Mergulharam, nadaram e divertiram-se naquelas águas cálidas.

De repente, Dragana colocou a cabeça para fora da água e gritou, angustiada.

"Não consigo enxergar! Perdi uma das minhas lentes no mar!"

Começaram a procurar por ela. Dragana estava desesperada, pois não tinha lentes de reserva e seu problema comprometia bastante sua visão. Eles procuraram freneticamente, mas depois de um tempo, tiveram de desistir. Quais seriam as chances de que uma pequena lente transparente fosse encontrada em um vasto oceano? Voltaram para a aldeia. Sua alegria e espírito festivo estavam bastante reduzidos.

As pessoas logo tomaram conhecimento da situação de Dragana, que se transformou no assunto do dia na aldeia. Pobre Dragana! Que falta de sorte!

Poucos dias depois, eles estavam jantando no restaurante do pequeno povoado, cujos frequentadores representavam uma mistura de aldeões e turistas bem informados. (Somente turistas bem informados encontram o caminho para Sveta Nedelja.)

Outro casal entrou no restaurante. A senhora avistou Dragana e Dusan. Com um sorriso de reconhecimento, caminhou direto para a mesa deles. Ela segurava algo em sua mão e perguntou: "É essa a sua lente de contato?"

Impressionada, Dragana pegou-a e, segurando-a em sua mão, olhou, perplexa, para Dusan. Seria algum tipo de piada?

Ainda hesitante, colocou a lente em seu olho com um movimento hábil. Olhou ao redor, testando sua visão, e respirou ofegante. Então, gritou: "Sim! Sim! É minha lente de contato. Posso enxergar de novo." Saiu saltitando, abraçando a mulher e Dusan.

"Onde você a encontrou, meu Deus?"

A senhora descreveu como tinha acontecido. Ela estava nadando na praia da aldeia. Quando saiu da água em direção à cadeira de praia, percebeu que havia algo cintilando em seu maiô. Ela olhou, e a princípio pensou que fosse uma escama de peixe que tivesse, de alguma forma, ficado presa em seu maiô. Quando estava prestes a removê-la, parou e olhou outra vez. Viu, então, que não se tratava de uma escama de peixe, mas de uma lente de contato. Ficou surpresa, mas, na hora, lembrou-se do que tinha ouvido sobre o infortúnio de Dragana. Poderia ser a lente dela?

A lente deve ter boiado, ter sido levada por alguma corrente marítima pelos 6 quilômetros a partir do local onde Dragana a perdeu, e passado na praia da aldeia no exato momento em que a senhora estava na água, justamente no local onde ela se encontrava. De alguma maneira, tinha ficado presa em seu maiô.

Talvez não seja tão extraordinário o fato de uma lente de contato ter boiado em água salgada.

Porém, não seria extraordinário o fato de ter boiado em uma corrente marítima bem naquela direção? De que, após os 6 quilômetros, ela estivesse exatamente naquela praia, bem na hora em que a mulher deu um mergulho? De que ela passasse naquele lugar específico onde a lente estava? De que a lente, de alguma forma, ficasse presa em seu maiô?

Será que é fácil enxergar uma lente de contato no mar? Será que é fácil fazer uma lente de contato ficar presa em um maiô?

Pai e filho

Gregg Braden é um cientista norte-americano, autor e conferencista. Ele combina, de forma bastante rara, a formação nas especialidades de Computação, Geologia e Arqueologia, e pesquisa, entre outras coisas, a relação entre a sabedoria da antiguidade (como os pergaminhos do Mar Morto) e a Física Quântica dos dias atuais. Por muitos anos, ele investigou as aldeias no alto das montanhas, os monastérios isolados e os textos secretos, buscando revelar seus mistérios eternos.

Recomendo, com louvor, uma visita à sua página na internet www.greggbraden.com.

Certa vez, ouvi Gregg contar uma história que me tocou muito, então, gostaria de recontá-la aqui da forma como a retenho na memória. No entanto, bem antes que esse livro fosse impresso, descobri que a história havia sido contada originalmente por Yitta Halberstam e Judith Leventhal em um livro contundente, *Pequenos milagres:* coincidências extraordinárias do dia a dia. Não havia tempo para entrar em contato com as duas autoras e pedir permissão para contar sua história; porém, espero com sinceridade que elas aceitem minha tentativa de transmitir suas principais características neste livro. Além de ser um exemplo extraordinário de sincronicidade, ela contém uma mensagem muito íntima e profunda sobre o amor e o perdão, e creio que mereça ser propagada da forma mais ampla possível.

Trata-se de uma história sobre uma família judaica dos Estados Unidos. A família vivia de acordo com as tradições judaicas; porém, quando seu filho Joey tornou-se adulto, percebeu que não queria viver segundo as antigas regras hebraicas. Ele queria formar sua própria opinião sobre o certo e o errado e sobre como deveria viver sua vida de uma maneira significativa.

Seu pai ficou muito aborrecido com sua atitude. Ele tinha feito de tudo para criá-lo de acordo com as tradições e não podia compreender a razão pela qual Joey as rejeitava. O conflito estava constantemente presente entre pai e filho.

Joey tinha um profundo desejo de viajar, ver o mundo e tentar encontrar sua própria verdade. Um dia, sentiu que tinha chegado a hora. Seus pais tentaram persuadi-lo a ficar, mas não conseguiram interferir em sua decisão.

"Eu sei, pai, que você e a mamãe fizeram o melhor para me criar de acordo com a tradição e com o que consideram certo. Porém, chegou a minha hora de sair para o mundo e descobrir por mim mesmo como ele funciona e o que é certo ou errado. Economizei algum dinheiro e não preciso de muito. Vou ficar bem."

"Se você der as costas a mim e às nossas tradições, não será mais meu filho!", disse o pai. "Então, não considero mais você como filho."

Joey, porém, era resoluto e obstinado, e resistiu: "Sinto muito pai, mas isso é o que tenho de fazer."

Ele partiu. Viajou pelo mundo por algum tempo e, por fim, foi para a Índia. Um dia, estava sentado em um pequeno café quando, inesperadamente, encontrou um colega de escola de sua cidade natal nos Estados Unidos. Foi um encontro caloroso.

"Sinto muito por seu pai," disse o colega.

"O que você quer dizer?"

"Oh, você não sabia? Seu pai faleceu há algum tempo. Foi tão triste. Ele sempre falava sobre você."

Joey sentiu um calafrio tomando seu corpo. Arrependeu-se de sua obstinação e decidiu voltar para casa.

De volta à sua cidade natal, encontrou muitos amigos da família. Todos disseram o mesmo. Seu pai sempre falava sobre Joey, sobre o quanto estava orgulhoso de seu filho que tinha tido a coragem de sair pelo mundo para encontrar sua própria verdade, e como ele o admirava e respeitava por sua independência.

Joey ficou muitíssimo comovido e pesaroso pelo fato de não ter mais visto seu pai enquanto ainda estava vivo. Sentiu-se fortemente compelido a voltar a trás em relação à tradição judaica e decidiu fazer uma espécie de peregrinação para visitar suas raízes.

Foi para Jerusalém e ficou um dia em frente ao Muro das Lamentações – o antigo muro sagrado frente ao qual as pessoas, há séculos, costumam postar-se e rezar. Ele é repleto de pequenas fendas, das quais o cimento antigo se desprendeu, e onde as pessoas introduzem pequenos pedaços de papel onde escrevem suas preces.

Joey decidiu fazer o mesmo. Em um pedaço de papel, descreveu em detalhes o amor e o respeito que sentia por seu pai, pediu perdão por ter sido tão obstinado e rezou para que Deus abençoasse a alma de seu pai.

Justamente quando estava dobrando o pedaço de papel para introduzi-lo em uma fenda, outro pedaço caiu no chão, de outra fenda, bem aos pés de Joey. Pegou-o para colocá-lo de volta no muro, mas uma sensação estranha apoderou-se dele. Desdobrou o pequeno pedaço de papel. A letra parecia familiar. Parecia ser igual à de seu pai.

Começou a ler e, de repente, sentiu que tudo girava ao seu redor. Seu próprio pai havia escrito naquele papel. Ele expressava o amor e respeito que sentia por seu filho Joey, pedia perdão por ter sido tão obstinado e rezava para que Deus abençoasse a alma do filho.

capítulo

16

As peças do quebra-cabeça

As sincronicidades, com frequência, estão associadas a períodos de transformação; por exemplo, nascimentos, mortes, quando nos apaixonamos, à psicoterapia, ao trabalho criativo intenso e até a uma mudança de profissão.

F. David Peat

Em seu livro *O efeito Isaías*, Gregg Braden afirma que, em geral, compreendemos o tempo como linear e horizontal. Vemos o tempo como uma linha proveniente do passado, passando pelo presente, rumo ao futuro. Para mim, ele vai da esquerda para a direita.

No entanto, o tempo possui também uma dimensão vertical. Cada ponto, cada momento naquela linha horizontal, é cruzado por uma linha vertical que contém o potencial para todos os eventos imagináveis e inimagináveis. É possível que nosso estado emocional exerça influência na determinação daqueles que de fato ocorrerão na realidade espaço-tempo. Essa poderia ser uma explicação da razão pela qual algumas pessoas parecem possuir toda sorte, enquanto outras sentem-se constantemente assombradas pela má sorte.

Uma vez, Gustaf von Platen comentou sobre isso. Contou-me sobre uma pessoa que conhecia bem e que sempre tinha expectativas negativas. Essa pessoa queria muito ocupar um determinado cargo de professor que estava vago. Ele se candidatou, mas tinha certeza de que não o conseguiria, supondo que os demais candidatos fossem mais qualificados para tal posição. Seu medo fez com que, por fim, desistisse de se candidatar, a fim de evitar o constrangimento de uma recusa.

Mais tarde, soube-se que muitos outros candidatos tinham, por várias razões, cancelado também suas inscrições. Se ele tivesse apenas mantido a sua, teria conseguido aquela cadeira de professor. O fluxo do tempo continha várias possibilidades, mas suas expectativas negativas fizeram com que a que ele desejava não se realizasse. Ele impediu a si mesmo de atingir seu objetivo.

"No meu caso, sempre tive sorte na vida", disse Gustaf, "e acho que é porque nunca esperei que fosse de outra maneira." A maioria das pessoas que o conhece pode confirmar o fato de que sempre parece haver uma atmosfera positiva ao seu redor.

É muito fácil compreender essa simples história partindo de uma perspectiva fundamental de causa e efeito. Porém, a realidade pode ser bem mais estranha e complexa.

Uma das coisas mais estranhas a nosso respeito é o nosso DNA. Essas moléculas espiraladas muito especiais existem em cada célula de cada ser humano, animal, planta, bactéria e vírus. Elas carregam a informação hereditária, determinam nossas características e influenciam nossa saúde. Cada pessoa possui um DNA único, razão pela qual nossa aparência é diferente e somos todos indivíduos distintos.

Uma instituição americana – o *HeartMath Institute* – entre outros estudos, dedicou-se ao DNA humano. Eles descobriram que a espiral do DNA, por si só, não é uma estrutura rígida, mas sim bastante flexível, e que sofre influência do estado emocional da pessoa.

Quando uma pessoa está estressada, irritada, com raiva, frustrada ou assustada, suas espirais de DNA contraem-se e tornam-se mais rígidas e firmes. Além disso, alguns códigos que possibilitam a comunicação com as células circundantes interrompem sua atividade. Porém, quando a pessoa está relaxada e sente emoções opostas, como amor, apreço ou gratidão, as espirais de DNA também tornam-se mais relaxadas. Elas alongam-se, desenrolam-se e reiniciam todo o espectro de comunicação dentro da célula.

Esses experimentos foram sucedidos por estudos em pacientes HIV positivos. Descobriu-se que sentimentos positivos como o amor, a alegria, a gratidão e o apreço aumentaram grandemente a resistência do paciente ao vírus.

Isso já é estranho o suficiente; no entanto, outros pesquisadores descobriram, na atualidade, que a história do nosso DNA é até mesmo mais estranha. Parece que ele exerce influência não só dentro de nossos corpos.

O biólogo quântico russo Vladimir Poponin fez uma descoberta extraordinária durante um projeto de pesquisa na Academia Russa de Ciências. Ele estudou o DNA humano com seu colega Peter Gariaev.

Poponin utilizou uma câmara de vácuo – um recipiente destituído de qualquer matéria, até mesmo de ar. Na câmara, só havia a presença de luz, de fótons. Utilizando um instrumento bastante sofisticado denominado espectrômetro a laser de correlação de fótons (LPCS), eles estudaram a distribuição das partículas da luz, os fótons, na câmara de vácuo. Como era esperado, elas estavam distribuídas aleatória e desordenadamente por toda a câmara. Então, as moléculas de DNA humano foram inseridas.

Neste momento, ocorreu a primeira surpresa. Eles descobriram que os fótons, as partículas da luz, abandonaram seu estado caótico e se organizaram de acordo com um campo de energia que parecia cercar as moléculas de DNA. Constatou-se, de fato, que a substância física das moléculas de DNA exerce influência na estrutura energética em sua parte externa. Tal descoberta contrariava todo o conhecimento até então aceito, desde a época de Newton. No entanto, lá estava, exposto nos instrumentos dos cientistas. E, como se não fosse suficiente, a próxima surpresa não tardaria muito.

Quando eles removeram o material de DNA da câmara de vácuo, os fótons mantiveram sua nova organização. Teria sido "natural" para eles se tivessem retornado ao seu estado caótico, já que aquilo que os havia influenciado não estava mais presente. Porém, eles agiram de uma forma que ainda desafia as explicações, como se as moléculas de DNA ainda estivessem na câmara de vácuo.

Tal fenômeno intriga um número considerável de pesquisadores da atualidade. É denominado o "efeito fantasma do DNA", e o experimento foi repetido em muitos laboratórios, com o mesmo resultado surpreendente.

O aspecto mais interessante da pesquisa de Poponin e Gariaev talvez seja o fato de que comprova, sem sombra de dúvida, que nosso DNA pode influenciar campos de energia ao nosso redor, e que a mudança é duradoura. Entretanto, a estranheza não termina aí.

Um laboratório militar de pesquisa dos Estados Unidos também executou experiências com o DNA humano. Eles realizaram um estudo concebido pelo renomado perito em polígrafos (detectores de mentiras) Cleve Backster. O DNA foi coletado dos leucócitos (corpúsculos brancos que fazem parte do sistema imunológico) que foram removidos, por raspagem, da boca de um voluntário. O material de DNA foi colocado em um instrumento que media e registrava as mudanças eletromagnéticas nas moléculas.

O doador foi, então, colocado em outro aposento e submetido a vários estímulos emocionais, tais como cenas vívidas de guerra, fotos eróticas ou representações cômicas. Em seguida, foi conectado a instrumentos que monitoravam suas mudanças emocionais por meio da medição da resistência galvânica da pele (polígrafo) e das ondas cerebrais (EEG) – formas bastante precisas de medir as respostas emocionais de um indivíduo. A seguir, essas medidas foram registradas em um gráfico, ilustrando, deste modo, as oscilações em seu estado emocional.

Quando as duas curvas – a que mostrava as mudanças emocionais do doador e a que mostrava as alterações na condição eletromagnética do seu DNA em outra sala – foram comparadas, evidenciou-se que eram perfeitamente coincidentes. No exato momento em que o doador havia tido uma reação emocional, seu DNA também mudara.

O experimento foi repetido com vários sujeitos e os resultados foram iguais. Havia alguma forma de comunicação, desconhecida até o momento, entre uma pessoa e seu DNA. E parecia existir qualquer que fosse a distância entre eles. Backster repetiu os experimentos a uma distância de pouco mais de 550 quilômetros entre o doador e seu DNA e obteve os mesmos resultados. Não havia nenhum intervalo de tempo entre o estímulo e a reação do DNA que estava a muitos quilômetros de distância. Isso foi medido por relógios atômicos, que cronometram frações de segundos. A reação foi instantânea, tornando impossível que alguma espécie de sinal, até mesmo à velocidade da luz, tivesse sido transmitida do doador ao DNA. Alguma outra coisa estava acontecendo ali, independente do tempo e do espaço. Um exemplo daquilo que os físicos quânticos chamam de “não localidade”.

Temos aqui duas descobertas bastante contemporâneas, comprovadas cientificamente, mas ainda não explicadas pela Ciência:

1. O DNA influencia as estruturas energéticas no mundo circundante.
2. O estado emocional de uma pessoa influencia seu DNA.

Em outras palavras, nossas emoções influenciam o meio que nos cerca, mesmo que pensemos que existam apenas no interior de nossos cérebros. Como uma consequência lógica desse tipo de pesquisa, é provável que se torne evidente que a influência que exercemos em nosso mundo e naquilo que acontece em nossas vidas se processa de outras formas, além daquelas que pudemos compreender até o momento.

Talvez essa seja mais uma peça do quebra-cabeça da sincronicidade.

Para onde estamos indo?

Deus dorme na pedra, sonha no vegetal,
movimenta-se no animal e desperta no homem.

Provérbio sufi

A cada segundo, milhões de coisas acontecem em nosso corpo: bactérias são eliminadas, dejetos são transportados, nutrientes distribuídos, energia é produzida, novas células são formadas, hormônios são criados, unhas e cabelos crescem, possibilidades para novos filhos são preparadas, impulsos eletromagnéticos são enviados, e vários outros processos acontecem. Ao mesmo tempo, você pode estar dirigindo seu carro e conversando sobre política. Tudo é perfeitamente coordenado, segundo por segundo, perfeitamente sincronizado, de forma que o corpo como um todo funcione tão bem quanto possível.

Sincronizado por quem ou pelo quê? Que espécie de computador, de sistema de orientação criado pelos seres humanos seria capaz de administrar uma tarefa de tamanha complexidade? Com certeza, tais ações não são realizadas por meu eu consciente. Elas devem requerer uma magnitude de informação e comunicação que está muito além daquilo que poderia ocorrer em minha consciência pequena e limitada. No entanto, todo esse magnífico processo continua acontecendo, dia após dia, mês a mês, ano a ano. Como isso é possível?

Não consigo entender isso de nenhuma outra maneira, a não ser acreditando que deva existir um campo de informações e energia situado tanto dentro quanto fora de nosso corpo físico. O cérebro talvez seja uma estação de transmissão entre o campo não material e o corpo material. O campo existe em um nível de realidade que, por enquanto, não podemos entender e é provável que toda essa coordenação perfeita seja lá administrada.

Já que esse campo parece ter uma habilidade incompreensível para governar o que acontece em nosso corpo físico, por que não seria capaz também de influenciar o que acontece à nossa volta?

O campo pode criar, a cada segundo, milhões de eventos sincronísticos dentro de nós. Por isso, talvez não seja inconcebível que possa criar também alguns eventos sincronísticos fora de nós.

A realidade em que vivemos é, sem dúvida, fantástica. Não posso acreditar que você e eu, e os corpos inacreditavelmente complexos que habitamos, sejamos apenas uma coincidência despropositada e desprovida de sentido, em um universo que é, em si mesmo, apenas uma massa fria e inexpressiva de matéria morta, precipitando-se com velocidade.

Deve existir também outra realidade.

No decorrer da história, as tradições espirituais discutiram, de várias maneiras, sobre essa outra realidade. A Ciência não quis estabelecer relação com ela, mas, ao contrário, insistiu em concentrar-se na realidade material. Por muito tempo, parecia que as duas eram incompatíveis. Parecia impossível que o conflito entre a fé e o conhecimento fosse sanado. Tem sido uma questão de exclusão – ou um ou outro.

Contudo, algo novo parece estar acontecendo. Citando Vaclav Havel outra vez:

[...] quanto mais precisamente são descritos nossos órgãos e suas funções, sua estrutura interna e as reações bioquímicas que neles ocorrem, menos parecemos entender a alma, o propósito e o significado do sistema que formam juntos e que experimentamos como nosso "eu" singular.
[...] Os especialistas podem nos explicar qualquer coisa relacionada ao mundo objetivo e, no entanto, compreendemos nossas vidas cada vez menos. O abismo entre o racional e o espiritual, o externo e o interno, o objetivo e o subjetivo, a técnica e a ética, o universal e o singular, está ficando mais profundo.

No entanto, existe esperança, afirma Havel. E, de forma paradoxal, a inspiração provém da Ciência. Ele salienta duas teorias importantes. O princípio cosmológico antrópico trata do fato de, dentre todos os possíveis caminhos para sua evolução, o universo ter escolhido apenas aquele, o único que possibilitou a evolução da vida. Que coincidência significativa!

Havel pergunta: "Como isso pode ser explicado a não ser pela consideração de que o propósito do universo sempre foi o de ser capaz de ver a si mesmo através de nossos olhos?"

A outra teoria que ele discute é a hipótese Gaia, desenvolvida pelo cientista britânico James Lovelock. Gaia é o antigo nome grego para a deusa do nosso planeta, a Mãe Terra. A hipótese

Gaia afirma que o planeta pode, na verdade, ser visto como uma entidade viva. Gaia parece estar constantemente sustentando certas condições na Terra que tornam a vida humana possível, tais como a temperatura e os níveis de salinidade dos mares, as condições atmosféricas e outros aspectos que, de acordo com as leis naturais, não deveriam ser tão equilibrados como são.

A questão é saber se os seres humanos não estariam causando demasiado mal a Gaia. "Se a colocarmos em perigo, ela nos destruirá, em nome dos interesses superiores da própria vida", afirma Havel.

Ele termina com um apelo para que haja "respeito ao mistério da vida, ao mistério do universo, ao mistério de nossa própria existência. A esperança do homem repousa na aceitação da existência de algo superior ao próprio homem."

Acredito que isto esteja acontecendo neste momento. Cada vez mais pessoas parecem estar preparadas para aceitar essa existência. Esperemos que isso não venha a conduzir a uma nova religião, mas a uma síntese entre a Ciência e a religião. As velhas divergências entre ambas talvez estejam, enfim, a caminho de serem superadas. Talvez os dois adversários estejam começando, de forma cautelosa, a recorrer um ao outro em um esforço comum para compreender os mistérios de nossa existência. Talvez, acabe transparecendo que ambas são igualmente válidas.

Quem sabe quais surpresas esperam por nós no campo da Física Quântica, da microbiologia, das pesquisas sobre o cérebro, da teoria do caos, da dinâmica não linear e outras semelhantes? Quem sabe para onde nos conduzirá a crescente curiosidade espiritual? Segundo Einstein, um problema nunca pode ser resolvido no nível de consciência no qual ocorreu. Tomara que estejamos caminhando para um novo nível de consciência que possa solucionar os imensos problemas que o mundo enfrenta na atualidade. Uma consciência que possa tornar este mundo um lugar melhor para se viver.

Afinal, o que acontece no mundo é determinado pela consciência humana – na economia, na política, no meio ambiente –, sem falar em nossas próprias vidas. O que causa estranheza é o fato de a consciência humana ter dificuldade de compreender a consciência humana.

O ganhador do prêmio Nobel Roger Sperry, que desenvolve pesquisas sobre o cérebro, disse certa vez: "Até agora, a ciência ignorou um fator fundamental em nossa existência, quase o omitiu por completo: especificamente, a consciência humana."

No entanto, isso está prestes a mudar. As pesquisas sobre a consciência cresceram muito nos últimos anos. Talvez seja nessa área que uma nova visão de mundo e novas revelações sobre nós irão emergir. Talvez a consciência humana esteja na iminência de dar um grande salto em direção à sua própria evolução, talvez estejamos caminhando para a descoberta de que a consciência é a base de tudo e de que ela cria o mundo material e o que acontece nele. Talvez, então, alguns mistérios que envolvem a sincronicidade possam ser desvelados.

O ser humano é considerado o animal mais inteligente do mundo. Permitam-me discordar. Acho que somos, ao contrário, os deuses mais estúpidos do mundo. O que aconteceria se descobríssemos que possuímos uma capacidade divina para influenciar nossas vidas e, dessa forma, nosso mundo? Tal conquista pode não estar tão distante.

Não importa onde ou como a grande descoberta seja realizada, provavelmente parecerá uma coincidência.

Não terá, porém, acontecido por acaso.

Os dois lobos

Certa vez, ouvi o famoso autor e conferencista motivacional Wayne Dyer contar a história a seguir. Não me lembro de onde e quando a ouvi, mas gostei muito dela e espero que Wayne me perdoe por contá-la aqui da forma que permanece em minha memória. Acho que ela encerra uma bonita mensagem para a nossa época.

Um velho cacique norte-americano estava sentado, conversando com seu neto. Ele sentia-se profundamente pesaroso por causa de uma tragédia que havia ocorrido na família.

"É como se tivesse dois lobos, lutando um contra o outro, dentro do meu coração", disse ele. "Um deles é violento, maligno e vingativo. O outro é amoroso, indulgente e cheio de compaixão."

O neto perguntou: "Qual dos lobos vai ganhar, vovô?"

"Aquele que eu alimentar."

Leitura recomendada

ANDERSON, Ken. *The coincidence file*. Blandford, 1999.

BELITZ, Charlene; LUNDSTROM, Meg. *O poder do fluxo:* formas práticas de transformar sua vida com coincidências significativas. Rio de Janeiro: Rocco, 2000.

BRADEN, Gregg. *A matriz divina:* uma jornada através do tempo, do espaço, dos milagres e da fé. São Paulo: Cultrix, 2008.

______. *O efeito Isaías:* decodificando a ciência perdida da prece e da profecia. São Paulo: Cultrix, 2002.

GOODMAN, Nelson. *Of mind and other matters*. Harvard University Press, 1984.

GOSWAMI, Amit. *O universo autoconsciente.* São Paulo: Aleph, 2008.

GRAFF, Dale. *Tracks in the psychic wilderness*. Element Books Inc., 2000.

GROF, Stanislav; BENNETT, Hal Zina. *A mente holotrópica.* Rio de Janeiro: Rocco, 1994.

HALBERSTAM, Yitta; LEVENTHAL, Judith. *Pequenos milagres:* coincidências extraordinárias do dia a dia. Rio de Janeiro: Sextante, 2006.

HAWKINS, David R. *Power vs force:* the hidden determinants of human behavior. Hay House, 2002.

HOPCKE, Robert H. *Sincronicidade ou por que nada é por acaso.* Rio de Janeiro: Nova Era, 2007.

JAWORSKI, Joseph. *Sincronicidade* – o caminho interior para a liderança. Rio de Janeiro: Best Seller, 2005.

JOSEPH, Frank. *Synchronicity and you*. Element Books, 1999.

KAMENETZKY, Mario. *The invisible player:* consciousness as the soul of economic, social and political life. Park Street Press, 1999.

KOESTLER, Arthur. *Jano:* uma sinopse. São Paulo: Melhoramentos, 1981.

LIPTON, Bruce. *A biologia da crença.* São Paulo: Butterfly, 2007.

LOYE, David. *A esfinge e o arco-íris.* São Paulo: Siciliano, 1990.

McTAGGART, Lynne. *O campo:* em busca da força secreta do universo. Rio de Janeiro: Rocco, 2008.

______. *O experimento da intenção* – usando o pensamento para mudar sua vida e o mundo. Rio de Janeiro: Rocco, 2010.

MITCHELL, Edgar. *Psychic exploration:* a challenge for Science. G.P. Putnam's Sons, 1974.

PEAT, F. David. *Synchronicity:* the bridge between matter and mind. Bantam, 1987.

RADIN, Dean. *The conscious universe:* the scientific truth of psychic phenomena. Harper Edge, 1997.

______. *Mentes interligadas*: evidências científicas da telepatia, da clarividência e de outros fenômenos psíquicos. São Paulo: Aleph, 2008.

RUSSELL, Peter. *From Science to God:* a physicist's journey into the mistery of consciousness. New World Library, 2004.

SCHWARTZ, Gary E.; RUSSEK, Linda G. *The energy living universe.* Hampton Roads Publishing, 1999.

SHELDRAKE, Rupert. *A sensação de estar sendo observado* – e outros aspectos da mente expandida. São Paulo: Cultrix, 2004.

TARG, Russell; PUTHOFF, Harold E. *Extensões da mente:* a capacidade psíquica posta à prova pela Ciência. Rio de Janeiro: Livraria Francisco Alves, 1978.

THURSTON, Mark A. *Synchronicity as spiritual guidance.* A.R.E. Press, 1997.

TILLER, William A.; DIBBLE, Walter E.; KOHANE, Michael J. *Conscious acts of creation.* Pavior Publishing, 2001.

Este livro foi impresso pela
Assahí Gráfica
em papel *offset* 75 g.